신공략 중국어 독해

초급에서 중급으로

원제 : 한어열독속성(汉语阅读速成)

다락원

서문

『신공략 중국어 독해』는『汉语阅读速成』이라는 제목으로 북경어언대학출판사가 2001년부터 2004년에 걸쳐 발간한 중국어 독해 교재의 한국어판이다.『신공략 중국어 독해』는『신공략 중국어』시리즈의 일부로, 주로 단기 연수생들의 중국어 독해 실력을 향상시키는 데 주안점을 두고 집필한 교재이며 초급편-초급에서 중급으로-중급편 3단계로 구성되어 있다.

각권은 해당 중국어 등급의 기준을 참조하여 수준에 맞게 구성되었다. 또 각권이 조직적 성격을 띠고 있어 단기 연수생을 대상으로 만든 교재이지만 각권을 합쳐서 보다 긴 수업과정에서도 교재로 사용할 수 있다.

이 책은 중국어로 된 문장에 대한 독해력 향상에 주안점을 두고, 정독과 속독을 함께 훈련할 수 있도록 하였으며, 연습문제 부분에서는 HSK 독해부분의 문제유형을 참고하여 도움이 되도록 하였다. 비교적 짧은 시간 내에 학생들이 가능한한 많은 종류의 중국어 문장을 통해 어휘의 쓰임과 의미를 파악하고, 예측·선택·추리·판단 등의 독해요령을 터득하여 독해력을 강화하도록 하였다.

교재의 본문은 각종 기사, 수필, 영화 등 다양한 형식에 광범위한 제재를 다루었다. 현대 중국사회 각 방면의 화제와 핫이슈 등을 망라하여 학생들이 본문을 통해 언어학습과 관련된 사회문화적 배경지식을 장악할 수 있도록 하였다.

『신공략 중국어 독해』각권의 기본 구성은 다음과 같다.

기본적으로 매과마다 정독part와 속독part가 있고, 이 두 part는 각각 본문, 새로 나온 단어와 주석, 연습문제로 구성되어 있다.

새로 나온 단어는 품사, 병음과 뜻을 표기하였고, 각권의 새로 나온 단어는 어느 정도 중복된다.

　　각 해당 중국어 수준에 맞추기 위해 본 교재의 본문을 일부 재집필하기도 하였으나, 기본적으로는 원문에서 크게 벗어나지 않도록 하였으며, 본문이 중국어 서면어의 전형적인 면모를 보여줄 수 있도록 각 해당 레벨보다 어느 정도 수준이 높은 부분도 수정하지 않았다.

　　정독본문과 속독본문에는 글자수를 명기하고, 각권의 수준에 따라 읽는 시간과 연습문제 풀이 시간도 정해두었다. '초급에서 중급으로'에서 각과의 보충part는 준중급수준 학생들 간의 실력차가 다소 큰 점을 감안하여 내용을 선별함으로써 교사가 융통성 있게 취사선택하여 강의할 수 있도록 하였다.

　　연습문제는 독해수업의 교학방식을 그대로 응용하여 일반적으로 내용의 이해, 주요 서면어의 쓰임, 어휘의 용법과 관련된 문제 등을 출제하였다. 연습문제 형식은 다양함을 추구하되, 일부분은 HSK 독해부분의 문제유형을 참고하기도 하였다.

　　주석에서는 주로 전형적인 서면어의 쓰임과 중요한 어휘의 용법, 활용, 사회문화적 배경지식과 관련된 것들을 설명하였다.

　　권말에는 찾아보기를 두어 각 단어가 본문에 쓰인 과를 표기하여 찾아볼 수 있도록 하였다.

2004년 5월
郑蕊

목차

제 1 과

정독 part	哪儿的钱最"值钱"？· 10
속독 part	京城博物馆 · 15
보충 part	从一数到九十二 · 19

제 2 과

정독 part	一个都不能少 · 22
속독 part	来自山区的小演员 · 28
보충 part	共筑希望工程 · 33

제 3 과

정독 part	北京青年星期日干什么？· 36
속독 part	我们缺什么？· 41
보충 part	健康的秘诀 · 45

제 **4** 과	
정독 part	露宿男童找到家 · 48
속독 part	当个小孩不容易 · 54
보충 part	幽默三则 · 59

제 **5** 과	
정독 part	今冬可能转冷 · 62
속독 part	风力和风向 · 68
보충 part	九九歌 · 72

제 **6** 과	
정독 part	我家专用的天气预报 · 74
속독 part	我是爸爸妈妈的眼睛 · 79
보충 part	充满爱心的丈夫 · 84

제 7 과

정독 part	网络伴我成长 · 86
속독 part	网名 · 92
보충 part	中国网络小姐大赛 · 98

제 8 과

정독 part	常出去走走 · 100
속독 part	离婚的理由 · 105
보충 part	健忘证 · 110

제 9 과

정독 part	夫妻旗袍店 · 112
속독 part	走入寻常百姓家 · 118
보충 part	踢毽子 · 123

제 10 과

- 정독 part　变色汽车向我们驶来 · 126
- 속독 part　网上购物 · 131
- 보충 part　您来设计我实现 · 137

제 11 과

- 정독 part　铛铛车上看香港 · 140
- 속독 part　钟楼和鼓楼 · 146
- 보충 part　识别方向的标志 · 150

제 12 과

- 정독 part　五一国际劳动节 · 152
- 보충 part　中国少数民族的服饰 · 162

부록

- 본문해석 · 166
- 연습문제 정답 · 193
- 찾아보기 · 201

정독 part 哪儿的钱最"值钱"?
어느 지역의 돈이 가장 가치가 있을까?

속독 part 京城博物馆
베이징 박물관

보충 part 从一数到九十二
1부터 92까지 세기

哪儿的钱最"值钱"?

字数:530字 / 阅读时间:6分钟 / 答题时间:12分钟

在上海花100元才能买到的东西,在北京只需花84.1元,而在广州却要119.5元。这是上海城市社会经济调查组在对全国九大城市实际消费价格水平进行比较后得出的结论。

统计显示,广州是九大城市中物价最高的城市,它的货币购买力明显不如其他城市。在广州100元的生活消费,在上海仅需84元就能实现,在哈尔滨只需64元。上海是仅次于广州的物价较高的城市。在上海100元所能实现的居民生活消费,在哈尔滨只需76元。

北京、天津、武汉、成都和西安五个城市是物价水平中等城市,这些城市只需花70~75元就能实现广州100元的生活消费,花84~90元就能实现上海100元的生活消费。物价水平最低的是沈阳和哈尔滨,其货币购买力明显高于其他七个城市。沈阳100元所能实现的消费，在广州得花148元，在上海得花124元；哈尔滨100元所能实现的消费，在广州需157元，在上海需131元。

由于不同城市的价格水平不一样，因此各城市居民的实际收入不能等同于货币收入。北京的价格水平相对较低，因此北京居民的实际收入居九大城市之首。同样，由于广州价格水平较高，因此上海居民与广州居民之间的实际收入差距不到10％，并不像人们一直认为的那样，有20％以上的差距。

（选自《读者》，解文文，有改动）

새로 나온 단어

值钱	zhíqián	형	값이 나가다, 가치가 있다
调查	diàochá	동	조사하다
消费	xiāofèi	명	소비
结论	jiélùn	명	결론
统计	tǒngjì	명	통계
显示	xiǎnshì	동	보여주다
货币	huòbì	명	화폐
购买力	gòumǎilì	명	구매력
居民	jūmín	명	거주자
相对	xiāngduì	명	상대적인
差距	chājù	명	차이

{ Zhushi 注释 }

1 仅次于 : ~에 다음 가는. ~다음으로.
예 上海是仅次于广州的物价较高的城市。

2 等同于 : ~와 서로 동등하다. ~와 서로 같다.
예 各城市居民的实际收入不能等同于货币收入。

3 居……之首 : ~에서 첫 번째다.

Lianxi 练习

01 본문을 읽고 다음 물음에 답하시오.

1 中国九大城市中物价水平最低的是:
   A. 北京　　　　　　　　　　B. 西安
   C. 沈阳、哈尔滨　　　　　　D. 成都

2 上海和广州两地居民的实际收入差距是:
   A. 10%　　　B. 20%　　　C. 20% 以上　　　D. 10% 以下

3 这九大城市中,哪个城市居民的实际收入最多?
   A. 广州　　　　　　　　　　B. 上海
   C. 沈阳和哈尔滨　　　　　　D. 北京

4　为什么说居民的实际收入不能等同于货币收入？
　　A. 各城市物价不同　　　　　　　B. 各城市的物价变化不定
　　C. 各城市收入相差太大　　　　　D. 各城市消费观念不同

5　在广州100元的生活消费在北京大概需要多少钱？
　　A. 84.1元　　　B. 70多元　　　C. 84～90元　　　D. 70元左右

6　为什么说北京居民的实际收入水平居九大城市之首？
　　A. 北京人挣钱最多　　　　　　　B. 北京东西比较便宜
　　C. 北京货币收入较少　　　　　　D. 北京人消费较少

02　다음 각 문장과 의미가 가장 가까운 것을 고르시오.

1　广州……，它的货币购买力明显不如其他城市。
　　A. 广州人花钱最少　　　　　　　B. 广州的钱最不值钱
　　C. 广州人最能花钱　　　　　　　D. 广州人挣钱最少

2　北京、天津、武汉、成都和西安五个城市是物价水平中等城市。
　　A. 这五个城市都是中等城市　　　B. 这五个城市东西不太贵
　　C. 这五个城市价格合理　　　　　D. 这五个城市居民收入中等

3　物价水平最低的是沈阳和哈尔滨，其货币购买力明显高于其他七个城市。
　　A. 这两个城市居民收入最多　　　B. 这两个城市的居民喜欢花钱
　　C. 这两个城市的钱最值钱　　　　D. 这两个城市居民收入最低

4　北京的价格水平相对较低，因此北京居民的实际收入居九大城市之首。
　　A. 北京人挣钱最多
　　B. 北京的钱最值钱
　　C. 北京人的收入排在第一位
　　D. 如果考虑物价因素，那北京居民的收入则名列第一

03 밑줄 친 어휘와 의미가 같은 것을 고르시오.

1 在北京只需花84.1元，<u>而</u>在广州却要119.5元。
 A. 不过　　　　B. 而且　　　　C. 因而　　　　D. 而是

2 它的<u>货币</u>购买力明显不如其他城市。
 A. 价格　　　　B. 钱　　　　　C. 价钱　　　　D. 货物

3 在哈尔滨<u>仅</u>需76元。
 A. 只　　　　　B. 不仅　　　　C. 只是　　　　D. 不只

4 <u>其</u>货币购买力明显高于其他七个城市。
 A. 其中　　　　B. 它们的　　　C. 它的　　　　D. 其他的

5 沈阳100元所能实现的消费，在广州<u>得</u>148元。
 A. 需要　　　　B. 应该　　　　C. 必须　　　　D. 可能

6 <u>由于</u>不同城市的价格水平不一样……
 A. 因为　　　　B. 因而　　　　C. 因此　　　　D. 于是

7 因此各城市居民的实际收入不能<u>等同</u>于货币收入。
 A. 等一等　　　B. 和……一起　C. 和……相等　D. 共同的

京城博物馆

字数：450字 / 阅读时间：2.5分钟 / 答题时间：6分钟

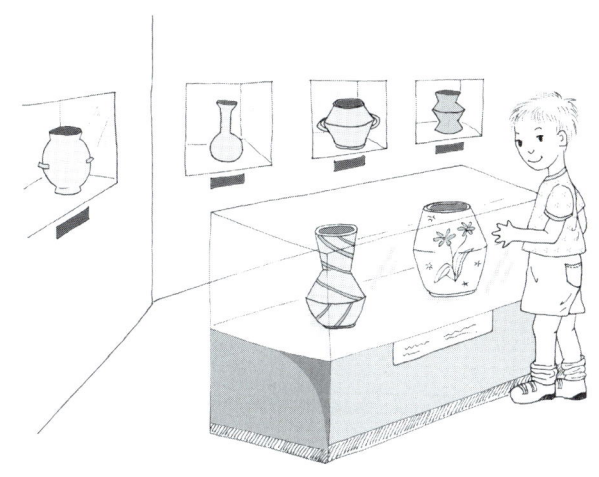

北京的博物馆越来越多。新中国成立时，北京这座古都只有两座供社会参观的博物馆。而现在，北京已拥有百余座各类博物馆，共收藏文物、艺术品226万件。80年代，北京每年有三四座新博物馆出现；进入90年代，每年都有六七座博物馆问世。

社会投资的博物馆越来越多。一些大企业、社会团体、收藏爱好者都进入开办博物馆的行列中来。已有十几位公民提出开办博物馆的申请，已获批准的先后有六家。公民自己开办博物馆，这在国内还是第一次。

从京城现有的博物馆来看，大型馆少了，中小型博物馆多了；综合馆少了，专题型博物馆（比如古钟博物馆）多了。据市文物局介绍，目前的京城博物馆，已从建国初期单纯的历史类逐步扩展为各种专题类、科技自然类、宗教民族类、风土民俗类、文化艺术类等十多种。与百姓生活密切相关的博物馆也多起来了。不少博物馆允许观众动手实验或当场制作，真正成了青少年观众的乐园。一些旧的博物馆也增加了不少服务设施，变得有人情味儿了。

（据《北京青年报》《博物馆好看更好玩》一文改写）

새로 나온 단어

博物馆	bówùguǎn	명	박물관
拥有	yōngyǒu	동	소유하다
收藏	shōucáng	명 동	수집, 수장, 수집하다, 모으다
文物	wénwù	명	문물, 역사적 물건
问世	wènshì	동	발표되다, 출판되다
投资	tóuzī	명 동	투자, 투자하다
团体	tuántǐ	명	단체
开办	kāibàn	동	일을 시작하다
行列	hángliè	명	행렬, 대열
公民	gōngmín	명	시민
申请	shēnqǐng	명 동	신청, 신청하다
专题	zhuāntí	명	전문테마, 특별주제
单纯	dānchún	형	단순하다
扩展	kuòzhǎn	동	확장하다, 넓히다
科技	kējì	명	과학기술
宗教	zōngjiào	명	종교
当场	dāngchǎng	명	당장, 즉석, 현장
设施	shèshī	명	설비
人情味儿	rénqíngwèir	명	인정미

{ Zhushi 注释 }

1 余: 숫자 혹은 도량형 단위 뒤에 쓰이는 우수리.
   예 五百余元 / 一百余座博物馆

2 型: 유형.
   예 大型商场 / 新型汽车 / 专题型博物馆

3 风土民俗: 한 지방 특유의 자연환경과 민간의 풍습이나 습관.

Lianxi 练习

01 본문을 읽고 다음 물음에 답하시오.

1 现在北京有多少座博物馆?
   A. 一百来座   B. 六七座   C. 一百多座   D. 近一百座

2 近年来,新出现了一种什么样的博物馆?
   A. 民办博物馆   B. 中小型博物馆
   C. 专题博物馆   D. 历史类博物馆

3 以前有民办博物馆吗?
   A. 有   B. 很少   C. 没有   D. 曾经有过

17

4 下面哪一种说法是正确的？
   A. 以前只有历史类博物馆　　　B. 历史类博物馆扩展了
   C. 历史类博物馆越来越少　　　D. 历史类博物馆只有以前有

5 京城博物馆中，文中没提到哪一类？
   A. 历史博物馆　　　　　　　　B. 民俗博物馆
   C. 综合博物馆　　　　　　　　D. 反映百姓生活的博物馆

6 "与百姓生活密切相关的博物馆也多起来了。"这句话是什么意思？
   A. 离百姓家近的博物馆多了
   B. 博物馆开始介绍百姓的生活
   C. 以前没有与百姓生活相关的博物馆
   D. 跟百姓生活有关系的博物馆开始多了

02 보기에서 적당한 단어를 골라 빈칸을 채우시오.

1 新中国成立时，北京这座古都只有两座＿＿＿＿社会参观的博物馆。
   A. 请　　　　B. 让　　　　C. 由　　　　D. 供

2 而现在，北京已＿＿＿＿百余座各类博物馆。
   A. 拥有　　　B. 具有　　　C. 获得　　　D. 持有

3 进入 90 年代，每年都有六七座博物馆＿＿＿＿。
   A. 出来　　　B. 修建　　　C. 问世　　　D. 出世

4 有十几位公民提出＿＿＿＿博物馆的申请。
   A. 举办　　　B. 举行　　　C. 办理　　　D. 开办

5 一些旧的博物馆也增加了不少服务设施，变得有＿＿＿＿了。
   A. 感情　　　B. 人情　　　C. 好感　　　D. 人情味儿

从一数到九十二

  每当我吃过安眠药之后,仍旧睡不着的时候,我就让自己静静地数数儿,从一数起,以后就会慢慢进入梦乡。这个方法起初很灵,后来就不行了;我往往会把数字和我的年龄联系起来!比如数到四、五,我就想起在上海和祖父在一起的乐事;数到了七、八,就会想起我在烟台海边奔走游戏的快事;继续数下去心情却渐渐地复杂起来了。九十二年过去了,再过半个月,就会数到九十三了,什么事情都经历过了,我已是一个真正没有烦恼、随时准备离去的人。

(据冰心《从一数到九十二》一文改写)

01 윗글을 읽고 다음 물음에 답하시오.

1 "我"为什么要数数儿?

2 "把数字和我的年龄联系起来"是什么意思?

3 "我"此时多大岁数?

4 文章最后的"离去"是什么意思?

쉬어가는 페이지

为什么迟到

"同学,你为什么上课迟到了?"

"本来我是想去钓鱼的,但后来爸爸不让我去了。"

"他做得对。他一定告诉你应该来上课,而不应去钓鱼。"

"他说了,他的蚯蚓太少了,不够我们两人一起用……"

→ 왜 지각했니?

"학생, 왜 수업시간에 지각했지?"

"본래는 낚시를 가고 싶었는데요, 나중에 아빠가 못 가게 하셔서요."

"아버님이 옳으셔. 틀림없이 수업 들으러 가야지 낚시하러 가면 안 된다고 하셨을 거야."

"아빠가 지렁이가 너무 적어서 우리 둘이 같이 쓰기엔 부족하대요……."

02

정독 part 一个都不能少
한 명이라도 줄어서는 안 된다

속독 part 来自山区的小演员
산골에서 온 어린 연기자

보충 part 共筑希望工程
함께 희망사업을 이루어내다

《一个都不能少》（电影故事）

字数：570字 / 阅读时间：6分钟 / 答题时间：12分钟

水泉村是个贫穷落后的地方，教室破旧，上下课连个钟表都没有，只能根据日光的移动来判断时间，当日光照到教室中间那根木头柱子上的钉子时，孩子们就知道该下课了。

水泉小学的高老师要回家看望病重的母亲，村长从邻村找来只上过小学的魏敏芝给高老师代一个月的课。高老师见魏敏芝只有十三四岁，不想要。村长说，找这么一个人也不容易，先让她凑合一个月吧。

水泉小学原先有三四十个学生，每年都有学生因家里穷离开学校，现在只剩二十八个了。高老师临走时再三嘱咐魏敏芝，一定要把学生看住，一个都不能少。

十岁的张慧科十分淘气，他不承认比自己大不了多少的魏敏芝是老师，还是在村长的强迫下才不情愿地叫了一声"魏老师"。他因家里欠债，不得不到城里打工，却在火车站与同乡走失。魏敏芝记住高老师临走前的嘱咐，决心把张慧科找回来，她只身一人踏上了进城之路，开始了茫茫人海里的寻找。经历了千辛万苦，终于遇到好心人，她在电视台工作人员的热心帮助下，走上电视，对着不知身在何处的张慧科喊道："张慧科，你在哪里啊？你都快把我给急死了……你跟我回去吧……"流落街头的张慧科看到了这个节目，他禁不住流下了热泪……该片的大团圆结局令人高兴，社会上不少好心人向他们伸出了援助之手，张慧科又回到了课堂。村长说要用人们的捐款建一所新的学校。

새로 나온 단어

贫穷	pínqióng	형	가난하다
落后	luòhòu	형	낙후되다
根据	gēnjù	개	~에 근거해서, ~에 의해서
判断	pànduàn	동	판단하다
钉子	dīngzi	명	못
凑合	còuhe	동	한곳에 모으다, 임시 변통하다
嘱咐	zhǔfu	동	부탁하다, 분부하다
看	kān	동	지키다, 돌보다, 간호하다
淘气	táoqì	형	장난이 심하다, 짓궂다
承认	chéngrèn	동	승인하다
强迫	qiǎngpò	동	강제로 시키다

欠债	qiàn zhài	동	돈을 빚지다
走失	zǒushī	동	행방불명되다
流落	liúluò	동	유랑하다, 돌아다니다
禁不住	jīn bu zhù		참지 못하다, ~ 하지 않을 수 없다
结局	jiéjú	명	결말
援助	yuánzhù	동	도와주다
捐款	juānkuǎn	동	돈을 기부하다
고유명사			
水泉村	Shuǐquáncūn	지명	수이취엔촌
魏敏芝	Wèi Mǐnzhī	인명	웨이민즈
张慧科	Zhāng Huìkē	인명	장후이커

{  **Zhushi** 注释 }

1. 连 : 일반적으로 '也、都' 등과 호응한다. 강조용법으로 '심지어'라는 의미이다.
   예 上下课连个钟表都没有。

2. 代课 : 다른 사람을 대신해서 수업을 하다.

3. 凑合 : 비록 만족스럽지는 않지만 그럭저럭 임시 변통하다.
   예 先让她凑合一个月等你回来再说。

4. 再三 : 여러 번. 몇 번이나.
   예 高老师临走时再三嘱咐魏敏芝……

5. 不得不 : 다른 방법이 없어 이렇게 할 수밖에 없다.
   예 他……不得不辍学到城里打工。

6 茫茫人海 : 사람들이 아주 많다.
예 她只身一人踏上了进城之路，开始了茫茫人海里的寻找。

7 禁不住 : 참지 못하다. ~하지 않을 수 없다.
예 他禁不住流下了热泪……

8 大团圆 : 소설, 연극, 영화에서 주요 인물들이 슬픔과 기쁨, 그리고 만남과 헤어짐을 겪고나서 마침내 서로 만나게 되는 결말.

9 千辛万苦 : 수많은 어려움과 고난.

Lianxi
练习

01 본문을 읽고 다음 물음에 답하시오.

1 水泉村小学面临的最大问题是什么？
   A. 教室破旧   B. 上下课没有钟表
   C. 学生没钱上学   D. 找不到好老师

2 水泉村小学为什么每年有学生离开学校？
   A. 学校没有好老师   B. 这儿的孩子太淘气
   C. 学生家里太穷了   D. 学校的教室太破旧了

3 为什么张慧科不承认魏敏芝是老师？
   A. 魏敏芝只上过小学   B. 高老师不想要魏敏芝
   C. 魏敏芝年龄太小   D. 魏敏芝是代课老师

4 张慧科进城之后怎么样了？
A. 流落街头
B. 在城里打工
C. 不知身在何处
D. 遇到了好心人

5 魏敏芝进城找张慧科顺利吗？
A. 她一进城就遇到了好心人
B. 她好容易才找到张慧科
C. 她在电视里找到了张慧科
D. 张慧科在到处找她

6 这部影片的结局怎么样？
A. 大家团圆了
B. 很圆满
C. 人们很高兴
D. 让大家禁不住热泪

02 다음 각 문장과 의미가 가장 가까운 것을 고르시오.

1 他……不得不到城里打工。
A. 他没有别的办法，只能去城里打工
B. 他不应该去城里打工
C. 他一定得去城里打工
D. 他得不到去城里工作的机会

2 张慧科不承认比自己大不了多少的魏敏芝是老师。
A. 魏敏芝比张慧科大很多
B. 魏敏芝不比张慧科大
C. 魏敏芝比张慧科大一点
D. 不清楚魏敏芝比张慧科大多少

3 他……却在火车站与同乡走失。
A. 在车站他与同乡告别
B. 他在车站失去了同乡
C. 他和同乡在车站都走散了
D. 他在车站找不到同乡了

4 社会上不少好心人向他们伸出了援助之手。
   A. 他们得到了社会的帮助   B. 很多人同他们握手
   C. 社会上不少好心人想见他们   D. 他们得到了社会的注意

03 밑줄 친 어휘와 의미가 같은 것을 고르시오.

1 只能根据日光的移动来判断时间。
   A. 猜测   B. 决定   C. 想象   D. 猜猜

2 高老师临走时再三嘱咐魏敏芝，一定要把学生看住，一个都不能少。
   A. 反复   B. 三次   C. 第三次   D. 两次

3 十岁的张慧科十分淘气，不承认比自己大不了多少的魏敏芝是老师。
   A. 顽皮   B. 生气   C. 活泼   D. 可爱

4 还是在村长的强迫下才不情愿地叫了一声"魏老师"。
   A. 愿意   B. 有感情   C. 有情有意   D. 意愿

5 他因家里欠债，不得不到城里打工。
   A. 得不到   B. 不能   C. 有机会   D. 只好

6 该片的大团圆结局令人欣慰。
   A. 这部影片   B. 这个地方   C. 这一大片   D. 某部片子

来自山区的小演员

字数：720字 / 阅读时间：3.5分钟 / 答题时间：8分钟

速독 part
快读部分

　　昨天，在跟随张艺谋周游15个城市出席《一个都不能少》当地首映式活动之后，影片主演魏敏芝、张慧科痛痛快快地在北京游乐园玩了一整天。剧组人士介绍说，来自河北贫困山区的这两位初中学生把游乐园所有项目都玩了一遍，光"激流勇进"一项就玩了4次。

　　魏敏芝、张慧科异口同声地告诉记者："今天玩得最开心。"

　　谈到这次周游各地的印象，魏敏芝对走过的15个城市印象极深："我过去不知道中国究竟有多大，这次出来一看，才知道有这么多、这么好的大城市。比如说杭州的西湖那么漂亮，在船上看不够；上海的建筑挺美的；北京动物园的动物最多；西安的小吃最好吃……"她告诉记者，回去以后要好好读书，长大后为国家多做一点事情。

剧组里的人介绍，两个孩子一个好动，一个好静。张慧科对车特别感兴趣，爱摆弄宾馆房间里的一切电器。而魏敏芝拍戏后养成爱看电影的习惯，也养成写日记、写作文的习惯。她很认真地琢磨词语，细心地记下自己的所见所闻。

魏敏芝告诉记者，自己在班上的作文成绩一直不错。拍戏以后眼界开阔了，作文内容也有了很大的变化。她说："回学校后与老师、同学相处跟以前一样，没什么改变。因为拍戏耽误了一些功课，成绩有些下降，但现在都赶上去了。"

这次周游15个大城市，不少观众见到魏敏芝、张慧科都很亲切，有的观众送了图书等学习用品，希望他们踏踏实实地读书。

"谢谢剧组、张艺谋叔叔给我的机会，谢谢叔叔阿姨看我们演的电影。"在一个大城市巡回宣传中，在鲜花和掌声中，魏敏芝真诚地说出这两句话。

剧组里的人说，魏敏芝长大了，令人刮目相看。

（选自《中国青年报》，陈国华文，有改动）

새로 나온 단어

跟随	gēnsuí	동	따르다
出席	chūxí	동	출석하다
人士	rénshì	명	인사
贫困	pínkùn	형	빈곤하다

项目	xiàngmù	명	항목
异口同声	yì kǒu tóng shēng	성	이구동성, 여러 사람의 말이 한결같다
摆弄	bǎinòng	동	만지작거리다, 가지고 놀다, 취급하다
琢磨	zuómo	동	생각하다, 사색하다, 궁리하다
眼界	yǎnjiè	명	시야, 견문, 식견
开阔	kāikuò	동	넓히다
踏踏实实	tātashíshí		실질적이다, 성실하다
巡回	xúnhuí	동	순회하다
真诚	zhēnchéng	형	진실하다, 성실하다
刮目相看	guā mù xiāng kàn	성	괄목상대하다, 눈을 비비고 다시 대하다

고유명사

张艺谋	Zhāng Yìmóu	인명	장이머우

1. **周游** : 주유하다. 여러 곳을 돌아다니다.

2. **首映式** : 영화를 처음으로 방영하기 위해서 거행하는 의식. 시사회.

3. **剧组** : 영화를 찍기 위해 임시로 짜여진 단체로 감독과 연기자, 그리고 그밖의 여러 스탭들을 포함한다.

Lianxi
练习

01 본문을 읽고 다음 물음에 답하시오.

1 张艺谋带魏敏芝他们去干什么？
A. 周游15个城市　　　　　B. 巡回宣传
C. 开阔他们的眼界　　　　D. 拍电影《一个都不能少》

2 他们在什么地方玩得最高兴？
A. 杭州　　　B. 上海　　　C. 北京　　　D. 西安

3 魏敏芝性格怎么样？
A. 好动　　　B. 细心　　　C. 文静　　　D. 认真

4 通过拍电影魏敏芝变化大吗？
A. 跟以前一样，没什么改变　　B. 变化非常大
C. 变化不怎么大　　　　　　　D. 没有变化

02 밑줄 친 부분의 뜻을 설명하시오.

1 在跟随张艺谋<u>周游</u>15个城市<u>出席</u>《一个都不能少》<u>当地首映式活动</u>之后……

2 魏敏芝、张慧科<u>异口同声</u>地告诉记者："今天玩得最<u>开心</u>。"

3 魏敏芝对走过的15个城市印象<u>极深</u>。

4 我过去不知道中国究竟有多大。
　　»

5 剧组里的人介绍，两个孩子一个好动，一个好静。
　　»

6 她细心地记下自己的所见所闻。
　　»

7 剧组里的人说，魏敏芝长大了，令人刮目相看。
　　»

03 어울리는 단어끼리 연결하시오.

1 周游	•	• a 下降
2 来自	•	• b 词语
3 摆弄	•	• c 开阔
4 养成	•	• d 世界
5 琢磨	•	• e 山区
6 记下	•	• f 电器
7 眼界	•	• g 演出
8 耽误	•	• h 习惯
9 巡回	•	• i 见闻
10 成绩	•	• j 功课

共筑希望工程

　　通过社会集资救助贫困地区失学儿童的"希望工程",开始于1989年。十年以后,共有1000多万人捐钱捐物,165万失学孩子受到救助。

　　一个小男孩没有什么可以回报资助他上学的一位远方的先生,他想寄几个红薯给他,走了40里山路,可是邮局不给寄。后来他想出一个办法,在家里种了5棵向日葵,浇水、除草、捉虫,每天看一次,盼呀盼,终于等到收获。这次邮局的阿姨知道了情况,没有收他的邮费。那位先生收到信和向日葵,激动得流下热泪。他回信说:"只要你努力学习,我将继续供你读中学、大学……你就是叔叔的希望工程。"

（据《人民画报》1998年第4期《共筑希望工程》一文改写）

01　윗글을 읽고 다음 각 문장의 옳고 그름을 판단하시오.

1　参加"希望工程"救助活动的有165万人。（　　）

2　那男孩想回报那位资助他的先生,给他寄去了自己种的红薯。（　　）

3　那位先生收到男孩寄来的东西很感动,打算在生活方面长期给他资助。（　　）

쉬어가는 페이지

治病

一个人去看病。他对医生说："大夫，我的肚子疼极了。"

"你昨天吃什么东西了？"大夫问。

"不熟的果子。"病人回答。

"那就给你开点眼药吧！"

"干嘛要治眼睛呢？"

"使你以后在吃东西之前先把东西好好看看。"

→ **치료**

어떤 사람이 진료를 받으러 갔다. 그는 의사에게 "선생님, 배가 너무 아픕니다."라고 했다.
"어제 뭘 드셨습니까?" 의사가 물었다.
"덜 익은 과일요." 환자가 대답했다.
"그럼 안약을 드리겠습니다."
"왜 눈을 치료하는 거죠?"
"다음부턴 뭘 먹기 전에 먼저 잘 살피시라고요."

정독 part 北京青年星期日干什么？
베이징의 젊은이들은 일요일을 어떻게 보내는가?

속독 part 我们缺什么？
우리는 무엇이 부족한가?

보충 part 健康的秘诀
건강의 비결

北京青年星期日干什么?

字数：650字 / 阅读时间：7分钟 / 答题时间：15分钟

在星期日，您通常都安排哪些活动项目？5月25日的这个星期日，北京零点调查公司的访问员访问了607名16岁至35岁的青年人，了解他们在上一个星期天都在干什么。

结果，70％以上的北京青年在星期天进行的普遍活动是看电视、读书看报；40％至69％的人进行的活动为常规性活动，有洗澡、购物、听广播、喝酒；10％至39％的人进行的活动为特殊性活动，有早起、午夜不睡、周末上班、在单位使用电脑、进行体育锻炼、与异性朋友约会、旅游、在外就餐和服用营养保健品；10％以下的人打国际长途、收发传真、打麻将，在家使用电脑和与人生气吵架，这一部分人进行的活动被归为稀少性活动。

从调查表上还可以看出29.4％的青年在早晨六点钟前起床，20

岁以下青年(学生)起床后的主要活动是锻炼，21岁以上者起床后的主要活动是做饭和收听广播；36.6%的青年晚上12点钟以后上床，以23岁至35岁青年为主，未睡者的主要活动是与朋友聚会、打麻将和看电视；6.7%的青年星期天打麻将，而且以25岁以上者占多数。

　　研究人员认为，确切地说是26岁至27岁以下的"新人类"，正在打破传统的市民生活观念，他们的行为表现既包括了知识面广、会挣钱、办事讲究效率、外语好、学什么都快以及敢于尝试，也有让中年人和老年人看不惯的方面，像自由主义习气、恋爱方式、夜生活、新词汇、讲究新款名牌时装、不断跳槽等。而白领阶层和中学生群体在流行消费文化潮流的形成方面起主导作用。

（选自《北京晚报》）

새로 나온 단어

通常	tōngcháng	부	일반적으로, 보통
常规	chángguī	명	일반적인 규칙, (틀에 박힌) 관습, 정상
电脑	diànnǎo	명	컴퓨터
异性	yìxìng	명	이성, 성별이 다름
就餐	jiùcān	동	식사하다
保健	bǎojiàn	동	건강을 보호하다
传真	chuánzhēn	명	팩스
吵架	chǎo jià	동	말싸움하다, 다투다
稀少	xīshǎo	형	드물다

聚会	jùhuì	동	만나다, 모이다
人员	rényuán	명	인원
确切	quèqiè	형	확실하다
观念	guānniàn	명	관념, 사고
行为	xíngwéi	명	행위, 행동
看不惯	kàn bu guàn		낯설다, 눈에 거슬리다
讲究	jiǎngjiu	동	중시하다, 염두에 두다
效率	xiàolǜ	명	효율
敢于	gǎnyú	동	감히 ~ 하다
尝试	chángshì	동	맛보다, 시도해보다
时装	shízhuāng	명	유행하는 옷
群体	qúntǐ	명	단체
潮流	cháoliú	명	조류, 흐름
形成	xíngchéng	동	형성되다, 만들어지다

{ Zhushi 注释 }

1 归 : ~에 속하다.
   예 这些东西全归你。

2 自由主义习气 : 개인의 이익을 너무 강조하는 좋지 않은 습관이나 분위기.

3 跳槽 : 일자리를 옮기다.

4 白领阶层 : 정신노동을 하는 계층. 화이트칼라.

Lianxi
练习

01 본문을 읽고 다음 물음에 답하시오.

1 这次调查的题目你认为最可能是哪种？
   A. 北京青年星期日干什么
   B. 在星期日，您通常都安排哪些活动项目
   C. 上一个星期天你做什么了
   D. 星期日您常常怎样度过

2 本文提到几种星期日进行的活动？
   A. 4种   B. 3种   C. 2种   D. 1种

3 下面哪一种活动是北京青年在星期天进行的普遍活动？
   A. 读书看报   B. 聚会   C. 听广播   D. 锻炼身体

4 人们进行最多的活动是下面哪一种？
   A. 购物   B. 约会   C. 看电视   D. 打麻将

5 在家使用电脑的人多吗？
   A. 很少   B. 不太多   C. 比较多   D. 很普遍

6 晚睡的人常常做什么？
   A. 看电视   B. 读书看报   C. 洗澡   D. 与家人聚会

7 谁在流行消费文化潮流中起重要作用？
   A. 大学生   B. 中学生   C. 中年人   D. 大中学生

02 중·노년층은 다음 중 신세대의 어떤 행위를 싫어하는가?

知识面广、自由主义习气、会挣钱、办事讲究效率、动不动就跳槽、外语好、学什么都快、敢于尝试，过夜生活、好用新词汇、讲究新款名牌时装。

03 보기에서 적당한 단어를 골라 빈칸을 채우시오.

보기 起、占、归、打破、为、看不惯、进行、收听、就餐、以、者

1 40% 至 69% 的人进行的活动＿＿＿＿＿＿＿常规性活动。

2 10% 至 39% 的人进行的活动为特殊性活动，有早起、午夜不睡、周末上班、在单位使用电脑、＿＿＿＿＿＿＿体育锻炼、与异性朋友约会、旅游、在外＿＿＿＿＿＿＿和服用营养保健品。

3 这一部分人进行的活动被＿＿＿＿＿＿＿为稀少性活动。

4 21 岁以上＿＿＿＿＿＿＿起床后的主要活动是做饭和＿＿＿＿＿＿＿广播。

5 36.6% 的青年晚上 12 点钟以后上床，＿＿＿＿＿＿＿23 岁至 35 岁青年为主。

6 6.7% 的青年星期天打麻将，而且以 25 岁以上者＿＿＿＿＿＿＿多数。

7 26 岁至 27 岁以下的 "新人类"，正在＿＿＿＿＿＿＿传统的市民生活观念，他们的行为表现有时让中年人和老年人＿＿＿＿＿＿＿。

8 白领阶层和中学生群体在流行消费文化潮流的形成方面＿＿＿＿＿＿＿主导作用。

我们缺什么?

字数:450字 / 阅读时间:2.5分钟 / 答题时间:8分钟

我们缺什么?回答是:缺的东西太多了。

第一缺教育。我们每年都看到受教育的人口在增多,但中国人口太多了,这个百分比对中国十几亿人口来说太微不足道了。

第二缺理想。中国人过苦日子的时间太长了,富裕一点的日子到来后,中国人没有什么思想准备,特别容易满足。现在的人只想到下一步,而不是后十步、后一百步的理想。50年代我没有经历过,但80年代我知道,那时很多人心里装着民族、国家的命运,这是一个很大的理想。现在我们的理想更多的是出于个人目的,我们也奋斗也付出,但我们更要求回报。

第三缺乏现代意识。几千年的历史形成了一个完整的体系,我们在这种体系里生活,觉得挺好。我们一直没有处理好这个问题:

如何树立一种更现代的意识？怎样去面对现代化的世界？

第四缺乏否定自己的勇气。我们特别容易满足，觉得没必要打破现状，去追求一种更好的东西。

（据《新周刊》《中国缺什么》一文改写）

새로 나온 단어

微不足道	wēi bù zú dào	형	보잘 것 없다, 미약하다
富裕	fùyù	형	부유하다, 넉넉하다
心理	xīnlǐ	명	심리, 마음
命运	mìngyùn	명	운명
奋斗	fèndòu	동	분투하다
回报	huíbào	동	보답하다, 보고하다, 보복하다
意识	yìshi	명	의식, 관념
完整	wánzhěng	형	완벽하다, 제대로 잘 갖추어지다
体系	tǐxì	명	체계
勇气	yǒngqì	명	용기
现状	xiànzhuàng	명	현상, 상황
追求	zhuīqiú	동	추구하다

{ Zhushi 注释 }

1 百分比 : 백분율로써 두 수의 비율관계를 나타낸다.

2 出于 : '出+于'의 구조. 여기에서 于는 '~로부터, ~에서'라는 의미이다.
예 现在我们的理想更多的是出于个人目的。

Lianxi
练习

01 본문을 읽고 다음 각 문장의 옳고 그름을 판단하시오.

1 中国受教育的人口太少了。(　　)

2 中国人一直缺乏理想。(　　)

3 中国人过于注意眼前的利益。(　　)

4 现在人们的理想跟以前很不一样。(　　)

5 作者认为现在的人更有理想。(　　)

6 现在人们更注重得到回报。(　　)

7 作者认为现在的人们没有理想了。(　　)

8 中国人没有现代意识。(　　)

9 中国人不想去面对现代化的世界。（　　）

10 中国人不愿承认错误。（　　）

11 中国人容易满足现状，缺乏追求。（　　）

02 보기에서 적당한 단어를 골라 빈칸을 채우시오.

1 我们每年都看到受教育的人口在_____。
A. 增大　　　B. 增多　　　C. 大增　　　D. 增添

2 这个百分比对中国十几亿人口_____太微不足道了。
A. 说来　　　B. 说　　　　C. 去说　　　D. 来说

3 现在的人只想到下一步，_____不是后十步、后一百步的理想。
A. 为　　　　B. 可　　　　C. 因　　　　D. 而

4 50年代我没有_____过，但80年代我知道。
A. 经历　　　B. 经过　　　C. 经验　　　D. 通过

5 现在我们的理想更多的是_____个人目的。
A. 出于　　　B. 从　　　　C. 出发　　　D. 出现

6 我们一直没有处理_____这个问题：如何树立一种更现代的意识？
A. 完　　　　B. 下　　　　C. 好　　　　D. 对

7 怎样去_____现代化的世界？
A. 面向　　　B. 面对　　　C. 对面　　　D. 方面

8 觉得_____打破现状，去追求一种更好的东西。
A. 没必要　　B. 不必要　　C. 哪必要　　D. 必须不

健康的秘诀

보충 part
补充部分

一 我觉得我们一是缺清静的环境。我们所生活的城市太嘈杂，噪音对人们的身心健康造成很大的影响。二是缺平静的心境。随着城市生活节奏的加快，竞争也越来越激烈，工作的压力越来越大，虽然收入不断增长，但让人感到活得有点儿力不从心。

二 看重健康，是一个人珍惜生命、有责任感的表现。有人说，健康的秘诀在于能够"三心二意"。"三心二意"是个成语，意思是：心里想这样又想那样，做事犹豫不决。不过这里的"三心二意"可不是成语的原意。这里的"三心"是指信心、粗心和善心，"二意"指随意和惬（qiè）意。要是真做到了这"三心二意"，求得健康就不是难事。人们在追求健康中往往误信一些似是而非的东西。举例说，有人怕胖，想起脂肪就害怕；有人怕吃罐头，以为里面含防腐剂。事实究竟如何呢？您不可不知道。请收看今天的《生活帮助热线》，北京电视台生活频道20点05分播出。

01 윗글을 읽고 다음 물음에 답하시오.

1 为什么说我们"缺安静的心境"？

2 课文里的"三心二意"是什么意思？

3 如果你想了解与第二段课文有关的更具体的内容，你可以怎么做？

쉬어가는 페이지

发信

父亲让儿子去邮局发信。儿子走了以后父亲才想起信封上的地址忘写了。当儿子回来后，父亲赶忙问："你没发现那封信没写地址吗？你没把它投进信箱吧？"

"已经投了。没写地址我倒是早就发现了。"

"那你为什么不说呢？"

"我想，您不写地址一定是不想让我知道信是寄给谁的。"

➜ 편지 보내기

아버지가 아들에게 우체국에 가서 편지를 부치게 했다. 아들이 간 후에야 아버지는 편지봉투에 주소를 쓰는 것을 잊어버렸다는 것을 알게 되었다. 아들이 돌아오자 아버지가 급히 물었다.
"편지에 주소 안 쓴 거 못 봤니? 편지 우체통에 안 넣었지?"
"벌써 넣었는데요. 주소 안 쓴 건 일찌감치 알고 있었어요."
"그럼 왜 말 안 했어?"
"전 아버지가 주소를 안 쓴 건 누구에게 편지 보내는지 저에게 알리고 싶지 않아서라고 생각했거든요."

정독 part 露宿男童找到家
노숙하던 남자아이가 집을 찾다

속독 part 当个小孩不容易
아이 노릇도 쉽지 않아

보충 part 幽默三则
유머 세 마당

露宿男童找到家

字数：760字 / 阅读时间：8分钟 / 答题时间：15分钟

曾流落北京街头一个月的男孩小兵，上月末终于回到了远在河南的家。

这个被《晚间新闻报道》一直跟踪的小新闻人物，这个因流落街头震动了京城、得到许多好心人关爱的十分顽皮的小家伙，10月28日跟随从河南省赶到北京的父亲踏上了归家之途。

那天，看到穿戴整齐漂亮、活蹦乱跳的儿子，小兵的父亲，这个为找孩子变卖了大部分家产，花去四万多元的男人，鼻子发酸，不敢相信自己的眼睛。

"孩子！""爸爸！"随着父子相认，《晚间新闻报道》的这条一连做了五期的新闻至此画上了句号；一个发生在北京深秋的动人故事，终于有了一个完美的结尾。

据了解，当《晚间新闻报道》的记者根据两位热心观众提供的线索，第一次赶到现场采访时，这个不明身份的小男孩已经流落街头一个多月了。深秋的夜晚已经很凉，看到孩子蜷缩在纸箱里睡在街头的情景，三位记者的心都要碎了，决定尽快为孩子找到家。

"把孩子接回家吧！"10月21日的《晚间新闻报道》，首先向孩子的家人、也向社会发出了呼吁。从那天起，他们每天都要播发有关孩子的消息，为小男孩找家的信息立刻传遍京城。通过《晚间新闻报道》记者的努力，第二天，小兵便告别了街头，在派出所得到了临时安置；一批批好心人闻讯为他送来了食品和衣物，也有北京人和外地人前来洽谈收养问题。

如今父子相见，《晚间新闻报道》的记者同许多好心人一样，悬着的心落了地。据孩子的父亲介绍，小兵是因为学习成绩受到妈妈的批评，于9月6日离家出走的。为了找孩子，家里已是倾家荡产。

10月28日，小兵的父亲怀着复杂的心情，到西三环察看了孩子睡觉的地方，看望了那些给过孩子帮助的好心人，一路上不住地表示感谢。

下午，父子俩乘上了长途客车，告别了这座给他们留下难忘记忆的都市。

（选自《北京广播电视报》，晨星文，有改动）

새로 나온 단어

跟踪	gēnzōng	동	바짝 뒤를 따르다, 추적하다
震动	zhèndòng	동	진동하다, 뒤흔들다
活蹦乱跳	huó bèng luàn tiào	성	활발하고 기운찬 모양
变卖	biànmài	동	물건을 팔아 돈을 만들다
完美	wánměi	형	완벽하다, 결함이 없다
提供	tígōng	동	제공하다
线索	xiànsuǒ	명	실마리, 단서
现场	xiànchǎng	명	현장, 어떤 일이 일어나고 있는 장소
采访	cǎifǎng	명 동	탐방, 취재, 탐방하다, 취재하다
身份	shēnfen	명	신분
蜷缩	quánsuō	동	둥글게 오므라들다
呼吁	hūyù	동	호소하다, 요청하다
播发	bōfā	동	방송하다
信息	xìnxī	형	소식, 정보
安置	ānzhì	동	안치하다, 배치하다
闻讯	wénxùn	동	소식을 듣다
洽谈	qiàtán	동	상담하다, 협의하다
收养	shōuyǎng	동	수양하다, 맡아서 기르다
倾家荡产	qīng jiā dàng chǎn	성	가산을 탕진하다
察看	chákàn	동	살펴보다

Zhushi 注释

1. **新闻人物**：신문매체나 사회의 일반 사람들로부터 주목 받고 있는 사람.

2. **踏上归家之途**：집으로 돌아가게 되다.

3. **悬着的心落了地**：어떤 일 때문에 근심하고 있던 중 마침내 마음을 놓다.

Lianxi 练习

01 본문을 읽고 다음 물음에 답하시오.

1. 这个故事是:
   A. 真实的故事   B. 虚构的故事
   C. 根据真事改编的故事   D. 电视剧

2. 文中没有提到下面哪方面？
   A. 寻子经过   B. 故事发生的时间
   C. 故事的起因   D. 故事的结局

3. 见到小兵，他的父亲为什么不敢相信自己的眼睛？
   A. 儿子穿戴整齐，活蹦乱跳
   B. 儿子变化太大，他有点认不出了
   C. 他的眼睛看不清楚了
   D. 他不敢相信眼前的事实

51

4 见到小兵，记者为什么心都要碎了？
   A. 孩子太可怜了　　　　　　B. 北京的深秋太冷了
   C. 孩子离家出走了　　　　　D. 孩子找不到父母了

5 小兵最早是被谁发现的？
   A.《晚间新闻报道》　　　　B. 记者
   C. 派出所　　　　　　　　　D. 热心观众

6 小兵为什么离家出走？
   A. 他挨妈妈骂了　　　　　　B. 他学习成绩不好
   C. 他的妈妈打他了　　　　　D. 他太顽皮了

02　밑줄 친 부분의 뜻을 설명하시오.

1 这个<u>不明身份</u>的小男孩已经<u>流落街头</u>一个多月了。

2 10月28日跟随从河南省赶到北京的父亲<u>踏上了归家之途</u>。

3 《晚间新闻报道》的这条一连做了五期的新闻<u>至此</u> <u>画上了句号</u>。

4 看到孩子蜷缩在纸箱里睡在街头的情景，三位记者的<u>心都要碎了</u>，决定尽快为孩子找到家。

5 第二天，小兵便<u>告别了街头</u>，在派出所得到了<u>临时安置</u>。

6 如今<u>父子相见</u>，《晚间新闻报道》的记者同许多好心人一样，<u>悬着的心落了地</u>。

7 为了找孩子，家里已是倾家荡产。

03 보기에서 적당한 단어를 골라 빈칸을 채우시오.

1 曾流落北京街头一个月的男孩小兵，上月末终于回到了_____河南的家。
  A. 远远的　　　B. 遥远的　　　C. 远在　　　D. 在远远的

2 看到_____整齐漂亮、活蹦乱跳的儿子，小兵的父亲……不敢相信自己的眼睛。
  A. 穿戴　　　B. 穿上　　　C. 身穿　　　D. 身上穿着

3 随着父子_____，《晚间新闻报道》的这条一连做了五期的新闻至此画上了句号。
  A. 认识　　　B. 见到　　　C. 互见　　　D. 相认

4 这个_____在北京深秋的动人故事，终于有了一个完美的结尾。
  A. 发现　　　B. 发生　　　C. 发展　　　D. 出现

5 他们每天都要播发有关孩子的消息，为小男孩找家的信息立刻_____京城。
  A. 传遍　　　B. 传过　　　C. 传来　　　D. 走遍

6 小兵是因为学习成绩_____妈妈的批评，于9月6日离家出走的。
  A. 得到　　　B. 受到　　　C. 接受　　　D. 接到

7 父子俩乘上了长途客车，告别了这座给他们留下_____记忆的都市。
  A. 不忘　　　B. 很难　　　C. 难忘　　　D. 忘掉

当个小孩不容易

字数：610字 / 阅读时间：3分钟 / 答题时间：6分钟

大人总是羡慕小孩子无忧无虑，唉！其实当个小孩也不容易。

小孩子在大人心中，永远是小孩子，永远长不大。大人可以做他们乐意做的事，而且干错了，小孩子也不能批评，要不，就会说什么小孩子不孝顺、没大没小之类的话。要是小孩子，就不一样了。小孩子处处受大人的管，小孩子不能做自己喜欢做的事。而且，如果做错事，那可就不得了了。大人又是批评，又是教育，唠叨个没完。唉！谁叫我们是小孩子呢！

小孩子在大人心目中，永远不懂事，大人们把我们看成一群唧唧喳喳乱叫的麻雀。大人们说话时，小孩子不许插嘴。只要一插嘴，大人们就说："去、去、去，小孩子懂什么！自己一边玩去。"唉！

真没办法。但是，大人永远不会知道，小孩子有时也懂得一些大人不懂的东西。每天，小孩子除了要做老师布置的作业外，还要做爸爸妈妈布置的题。每天爸爸妈妈总是围着小孩子嚷着分、分、分，好像我们不是他们的孩子，分才是他们的孩子！如果小孩子考试考得不好，简直就像犯了大错误，得时刻准备接受随之而来的责备、冷落，甚至打骂。

小孩子有无数心里话，却不敢真实、大胆地告诉家长。因为，万一说错了，爸爸妈妈脸一沉，谁知道会有什么样的"暴风雨"将要来临！

当个小孩，就要有这么多的烦恼吗？唉！当个小孩真是不容易！

（选自《优秀作文鉴赏大全》，纪超文）

새로 나온 단어

羡慕	xiànmù	동	부러워하다
无忧无虑	wú yōu wú lǜ	성	아무 걱정도 없다
孝顺	xiàoshùn	동	효성이 지극하다
唠叨	láodao	동	시끄럽게 떠들다, 수다떨다
唧唧喳喳	jījizhāzhā		조잘대는 소리
麻雀	máquè	명	참새
插嘴	chā zuǐ	동	말참견하다
嚷	rǎng	동	소리치다

责备	zébèi	동	비난하다, ~를 탓하다
冷落	lěngluò	동	냉대하다, 푸대접하다
甚至	shènzhì	부	심지어, 더 나아가
来临	láilín	동	오다, 도착하다
烦恼	fánnǎo	명/형	근심, 걱정, 고뇌하다, 걱정하다

{ 📋 Zhushi 注释 }

1 **没大没小** : 연소자가 연장자에게 예의가 없음을 나타낸다.

2 **万一** : 가능성이 희박한 가정(주로 원하지 않는 일)에 쓰인다.
　예 万一说错了，爸爸妈妈脸一沉，谁知道会有什么样的"暴风雨"将要来临！

3 **脸一沉** : 기분이 안 좋거나 화가 나 있는 모양.
　예 妈妈知道了我的考试成绩，脸一下子就沉下来了。

Lianxi
练习

01 본문을 읽고 다음 물음에 답하시오.

1 本文反映了什么问题?
   A. 父母对孩子的不良影响　　B. 大人不喜欢孩子
   C. 家庭教育存在的问题　　　D. 大人不了解孩子

2 在大人眼中，孩子们生活得怎么样?
   A. 很快乐　　　　　　　　　B. 不懂事
   C. 很不容易　　　　　　　　D. 像一群小麻雀

3 大人们最希望孩子们什么?
   A. 无忧无虑　　　　　　　　B. 考高分
   C. 不插嘴　　　　　　　　　D. 孝顺父母

4 本文没提到下面哪种情况?
   A. 孩子在学校学习很紧张　　B. 家长对孩子压力太大
   C. 孩子不能批评家长　　　　D. 家长很看重孩子的分数

5 孩子把心里话告诉家长后会怎么样?
   A. 父母马上沉下脸　　　　　B. 孩子可能会挨骂
   C. 父母非常生气　　　　　　D. 暴风雨会来临

02 밑줄 친 어휘와 의미가 같은 것을 고르시오.

1 大人总是羡慕小孩子<u>无忧无虑</u>。
   A. 有无数的忧虑　　　　　　B. 忧虑不多
   C. 没有高兴的事　　　　　　D. 幸福快乐

2　大人可以做他们乐意做的事。
　　A. 愿意　　　　B. 快乐　　　　C. 意愿　　　　D. 欢乐

3　要不，就会说什么小孩子不孝顺、没大没小之类的话。
　　A. 不知道大小的区别　　　　B. 不懂礼貌
　　C. 没有大小的区别　　　　　D. 不孝顺

4　大人们说话时，小孩子不许插嘴。
　　A. 不准　　　　B. 不会　　　　C. 不应该　　　　D. 不愿

5　每天爸爸妈妈总是围着小孩子嚷着分、分、分。
　　A. 告诉　　　　B. 叫喊　　　　C. 嘱咐　　　　D. 再三说

6　小孩子有无数心里话，却不敢真实、大胆地告诉家长。
　　A. 不知道多少　　　　B. 不太多
　　C. 没有多少　　　　　D. 非常多

7　谁知道会有什么样的"暴风雨"将要来临！
　　A. 来到　　　　B. 临时　　　　C. 面临　　　　D. 临近

幽默三则

보충 part
보충부분

一　儿子四岁，对任何零食均无兴趣，只对各样玩具情有独钟。儿童节那天，买回电动汽车一辆，儿子高兴极了。过了一会儿，为了表示感谢，他严肃而又认真地对我说："爸，您真好。等我长到您这么大，还叫您爸爸！"

二　有一次邻居家来客，想唱卡拉OK，来我家借VCD盘，爷爷去开门，听到是来借盘的，立刻去厨房抱出一些盘子，并说："如果不够，再来拿，我家今天吃面，不用盘子，用碗。"

三　老师让小学生用"难过"造句，一个学生站起来说："学校门前的马路很难过。"

01 윗글을 읽고 다음 물음에 답하시오.

1 四岁的儿子喜欢什么？

2 他如何向爸爸表示感谢？

3 爷爷把什么搞错了？

4 小学生这样造句对不对？

쉬어가는 페이지

女儿与女婿

"老伙计,为什么愁眉苦脸?有什么不顺心的事吗?"

"哎!怎么不让人发愁呢?我有五个女儿,可至今还没有一个女婿。"

"哈哈!要是你处在我的位置上你会怎么样呢?我倒是只有一个女儿,可已经有过五个女婿了!"

➜ 딸과 사위

"형님, 왜 그렇게 얼굴에 근심이 가득하세요? 뭐 기분 안 좋은 일이라도 있으세요?"
"에휴! 어떻게 걱정을 안 하겠나? 나는 딸이 다섯이나 되는데, 지금까지 사위가 한 명도 없다네."
"하하! 만약에 형님이 제 처지라면 어떠시겠어요? 저는 딸이 하나밖에 없는데도, 벌써 사위가 다섯 명이예요."

05

정독 part 今冬可能转冷
올 겨울은 추워질 것이다

속독 part 风力和风向
풍력과 풍향

보충 part 九九歌
구구가

今冬可能转冷

字数：570字 / 阅读时间：6分钟 / 答题时间：15分钟

通常我们是这样描述北京的气候的：四月初开春，六月初入夏，九月秋风送爽，十月底秋去冬来；春季温暖多风，夏季炎热多雨，秋季凉爽宜人，冬季寒冷干燥。年平均降水量644毫米。

今年冬天的情况却非同寻常。11月8日立冬，可这冬季第一天的北京毫无冬天的景象。太阳当头，照得人身上暖融融的，气温高达16摄氏度，倒有点春暖花开的感觉。人们不禁要问：难道今冬又是一个暖冬吗？记者从北京气候中心短期气候预测室获悉，今冬平均气温将明显比去年冬季低，很可能达到或接近常年的水平。

暖冬是指冬季平均气温比常年偏高0.5摄氏度或以上的一种天气现象。自1986年以来，北京连续出现13个暖冬，去年12月至今年2月，平均气温比常年高2.8摄氏度，成为20世纪最暖的一个冬天。

　　在谈到今冬的天气时，该中心有关人士说，毫无规律的气象变化使得长期预报变得很难，但已有迹象表明，暖冬不会无限持续。因为气温高也不可能总那么高，气温低也不可能总那么低，预计最近一两年即可向偏冷的方面转化，其实这也是老百姓所期待的。冬天就应有个冬天的样儿，并且大雪纷飞、寒风刺骨的严冬可以杀死各种病毒、病菌，对人们的健康有利。

（选自《生活时报》，陈君文）

새로 나온 단어

描述	miáoshù	동	설명하다, 묘사하다
炎热	yánrè	형	탈 듯이 뜨겁다, 무척 덥다
干燥	gānzào	형	건조하다
凉爽	liángshuǎng	형	시원하고 상쾌하다
宜人	yírén	형	사람에게 좋은 느낌을 주다, 마음에 들다
平均	píngjūn	형	평균적이다
寻常	xúncháng	형	일상적이다, 일반적이다
景象	jǐngxiàng	명	모습, 광경, 현상
暖融融	nuǎnróngróng	형	따뜻하다
气温	qìwēn	명	기온
不禁	bùjīn	부	참지 못하다, 자기도 모르게
中心	zhōngxīn	명	센터
预测	yùcè	동	예측하다
获悉	huòxī	동	소식을 알게 되다, 정보를 얻다

规律	guīlǜ	명	규율, 정해진 법칙
预报	yùbào	명 동	예보, 예보하다, 미리 알리다
迹象	jìxiàng	명	흔적, 자취, 현상
无限	wúxiàn	형	무한하다, 한계가 없다
持续	chíxù	동	계속 이어가다, 지속하다
预计	yùjì	동	미리 예상하다
转化	zhuǎnhuà	동	바뀌다, 전화하다
期待	qīdài	동	기대하다
纷飞	fēnfēi	동	(커다란 눈송이 등이) 날아다니다
寒风刺骨	hánfēng cìgǔ		찬바람이 살을 에이다
严冬	yándōng	명	몹시 추운 겨울, 엄동
病毒	bìngdú	명	바이러스
病菌	bìngjūn	명	병균

{ 📋 Zhushi 注释 }

1. 降水量 : 일정시간 동안 내린 비나 눈의 양.

2. 毫米 : 미터의 천분의 일(mm).

3. 立冬 : 24절기 중에서 겨울이 시작되는 것을 알리는 절기. 입동.

4. 达 : (어느 정도에) 다다르다.
   예 气温高达16摄氏度。

5. 摄氏度 : 온도를 나타내는 단위(℃).

6 春暖花开 : 따뜻한 봄에 꽃이 피는 정경.

7 难道 : 반문하는 어투를 강조한다.
   예 人们不禁要问：难道今冬又是一个暖冬吗？

8 偏 : 어떤 기준과 비교했을 때 다소 차이가 있음을 나타낸다.
   예 气温偏高 / 工资偏低

9 该 : 앞문장에서 언급된 사람이나 물건을 지시한다.
   예 该中心有关人士

Lianxi
练习

01 본문을 읽고 다음 물음에 답하시오.

1 今年立冬的第一天怎么样？
   A. 没有一点冬天的感觉　　B. 只有一丝冬天的景象
   C. 已经春暖花开了　　　　D. 气温已超过了16度

2 气象专家预测今年冬季会怎样？
   A. 气温会很低
   B. 气温可能接近去年的水平
   C. 不可能还是暖冬
   D. 向偏冷方向转化不是没有可能的

3 现在为什么对气候的长期预报很难？
   A. 因为气温不可能老高　　B. 因为暖冬现象不会无限持续
   C. 因为已连续13个暖冬了　D. 气候变化越来越缺乏规律

4 人们希望冬天是什么样子？
   A. 大雪纷飞、寒风刺骨　　　　B. 该冷的时候就冷
   C. 杀死各种病菌、病毒　　　　D. 给人们带来健康

02 본문을 읽고 다음 각 문장의 옳고 그름을 판단하시오.

1 冬季每天气温比常年高 0.5 摄氏度就算是暖冬。（　　）

2 去年是本世纪北京气温最高的一个冬天。（　　）

3 最近一两年的冬季气温肯定很低。（　　）

4 如今对天气的变化很难预测。（　　）

5 今年冬季气温可能比以往低。（　　）

6 寒冷的冬天对健康是有利的。（　　）

7 去年冬季最高气温比常年高出 2.8 摄氏度。（　　）

03 밑줄 친 부분의 뜻을 설명하시오.

1 今年冬天的情况却<u>非同寻常</u>。
   »

2 这冬季第一天的北京<u>毫无冬天的景象</u>。
   »

3 记者从北京气候中心短期气候预测室<u>获悉</u>……
   »

4 预计最近一两年即可向偏冷的方面转化。

5 其实这也是老百姓期待的。

04 보기에서 적당한 단어를 골라 빈칸을 채우시오.

1 _____我们是这样描述北京的气候的。
A. 常常　　　B. 经常　　　C. 以前　　　D. 通常

2 九月秋风送爽，十月底秋去冬_____。
A. 到　　　　B. 来　　　　C. 回　　　　D. 归

3 气温高_____16摄氏度，倒有点春暖花开的感觉。
A. 到　　　　B. 高　　　　C. 达　　　　D. 上

4 今冬平均气温将明显比去年冬季低，很可能达到_____接近常年的水平。
A. 或　　　　B. 和　　　　C. 并且　　　D. 还是

5 自1986年以来，北京_____出现13个暖冬。
A. 连续　　　B. 继续　　　C. 接着　　　D. 保持

6 毫无规律的气象变化_____得长期预报变得很难。
A. 叫　　　　B. 使　　　　C. 让　　　　D. 获

7 暖冬不_____无限持续，因为气温高也不可能总那么高。
A. 能　　　　B. 可　　　　C. 会　　　　D. 行

8 预计最近一两年即可向偏冷的方面转化，_____这也是老百姓所期待的。
A. 其实　　　B. 真实　　　C. 实际　　　D. 实在

风力和风向

字数：500字 / 阅读时间：2.5分钟 / 答题时间：7分钟

  电视和广播里每天都有天气预报。除了说明天是天晴还是天阴，下雨还是下雪以外，还要告诉我们刮不刮风，风力有多少级。风的大小用级来表示。最小的风是一级风，最大的风是十二级。二三级风就是小风，能吹动树上的枝叶；四五级风能吹得河水起波；六七级风就很大了，能吹折树枝；八九级风就特别大了，吹得人都走不动；十级到十二级的风能把大树刮倒。

  在天气预报中，还常说到西北风、北风、东南风，这是指风向。西北风就是说风从西北方向吹来；东南风就是说风从东南方向吹来。我们知道，风有个脾气，冷空气总要向温暖空气的那个方向流动。在中国，特别是东南地区，冬季常刮西北风，夏季常刮东南风。在中国的西北方向，是蒙古高原和俄罗斯的西伯利亚地区，在冬季，那里的气候是亚洲最寒冷、干燥的地区，所以在那里总要形成强大的冷空气。当这股强大的冷空气向中国东南方向温暖、潮湿的沿海地区移动的时候，就刮起了西北风。夏季，风从东南方向的海洋吹向西北的陆地，就常刮东南风。在中国，有"东风送暖"、"西风送爽"的说法，这里的"东风"、"西风"分别指的是春风和秋风。

새로 나온 단어

温暖	wēnnuǎn	형	온난하다, 따뜻하다
流动	liúdòng	동	유동하다
高原	gāoyuán	명	고원
寒冷	hánlěng	형	한랭하다, 춥다
潮湿	cháoshī	형	습하다
沿海	yánhǎi	명	연해
移动	yídòng	동	이동하다, 움직이다
分别	fēnbié	부	각각, 따로따로

고유명사

蒙古	Ménggǔ	몽고
俄罗斯	Éluósī	러시아
西伯利亚	Xībólìyà	시베리아

{ Zhushi 注释 }

1 指：~을 의미하다.
  예 在天气预报中，还常说到西北风、北风、东南风，这是指风向。

Lianxi
练习

01 본문을 읽고 다음 물음에 답하시오.

1 文中没谈到天气预报的哪一方面？
   A. 降水   B. 风向   C. 阴晴   D. 气温

2 如果树枝被吹断的话，大概是几级风？
   A. 十二级   B. 三级   C. 六级   D. 五级

3 中国东南部冬季常刮什么风？
   A. 西风   B. 东风   C. 西北风   D. 东南风

4 本文没提到哪种天气预报？
   A. 电视里的   B. 电台里的   C. 广播里的   D. 电话里的

5 下面哪种关于风向的说法是错误的？
   A. 西北风   B. 东南风   C. 北风   D. 北东风

02 보기에서 적당한 단어를 골라 빈칸을 채우시오.

1 除了说明天是天晴还是天阴，下雨还是下雪＿＿＿＿＿＿，还要告诉我们刮不刮风。
   A. 以外　　　　B. 除外　　　　C. 以后　　　　D. 下面

2 风的大小用级来＿＿＿＿＿＿。
   A. 说明　　　　B. 表示　　　　C. 代表　　　　D. 表明

3 八九级风就特别大了，吹得人都走不＿＿＿＿＿＿。
   A. 去　　　　　B. 到　　　　　C. 下　　　　　D. 动

4 十级到十二级的风能把大树刮＿＿＿＿＿＿。
   A. 下　　　　　B. 去　　　　　C. 到　　　　　D. 倒

5 东南风＿＿＿＿＿＿风从东南方向吹来。
   A. 说出　　　　B. 就说　　　　C. 解释　　　　D. 就是说

6 冷空气总要＿＿＿＿＿＿温暖空气的那个方向流动。
   A. 对　　　　　B. 向　　　　　C. 去　　　　　D. 面向

7 在中国，＿＿＿＿＿＿东南地区，冬季常刮西北风。
   A. 特别是　　　B. 特别　　　　C. 就是　　　　D. 其中

8 这股＿＿＿＿＿＿的冷空气向中国东南方向温暖、潮湿的沿海地区移动。
   A. 强烈　　　　B. 强　　　　　C. 强大　　　　D. 很大

9 这里的"东风"、"西风"＿＿＿＿＿＿指的是春风和秋风。
   A. 都是　　　　B. 只是　　　　C. 还是　　　　D. 分别

71

九九歌

보충 part
补充部分

　　在中国民间，一直流传着"九九歌"。"一九、二九不出手；三九、四九冰上走；五九、六九，抬头看柳；七九河开，八九燕来；九九加一九，耕牛遍地走。"这"九九歌"到底说的是什么呢？

　　原来在中国用来表示气候变化的节气有24个，其中有一个节气叫冬至。冬至那一天在北半球，中午太阳的高度是一年中最低的。因此这一天白天最短，夜晚最长。从这以后，天气就特别冷了。从冬至那一天开始，每九天叫做一个九，第一个九天叫一九，后面就是二九、三九一直到九九，共81天，这就叫数九天。数九天也就是一年中比较冷的一段时间。数九天过后就是春天了。

　　从每年冬至（大约12月22日）起数九，那么到了三九天就是指1月11日到19日的这段时期。三九天是我国大部分地方一年中最冷的时候，所以人们常说"冷在三九"，就是这个意思。"冷在三九"是我国人民从多年的生活经验中总结出来的自然规律，这只是相对我国大部分地区而说的，也有地方最冷是在二九或者四九天。就是同一个地方也不会每年一定都冷在三九，不过，不管怎么说三九天总是很冷的。

01　윗글을 읽고 다음 물음에 답하시오.

1　"九九歌"唱的是什么？
》

2　"数九天"从哪一天开始？一共有几个九？
》

3　"冷在三九"是否适用于全国各个地区？
》

06

정독 part 我家专用的天气预报
우리집 전용 일기예보

속독 part 我是爸爸妈妈的眼睛
저는 부모님의 눈이에요

보충 part 充满爱心的丈夫
마음이 따뜻한 남편

我家专用的天气预报

字数：720字 / 阅读时间：7分钟 / 答题时间：15分钟

　　与大家一样，我家每天晚上都要按时收看电视台的天气预报节目。但与众不同的是，每当天气情况有较大变化时，我家还会接收到专门的天气预报——我岳母为她的外孙子发布的天气预报。

　　我的儿子是岳母一手带大的，备受姥姥的宠爱，外孙子的冷暖自然也就成了老太太的冷暖。在晚上电视台的天气预报节目刚刚播报完毕时，我家的电话铃声经常会突然响起。岳母用她那夹带着长沙口音的普通话，点着我妻子的小名开始重播天气预报并布置任务："小妹呀，明天有大雪，别让他骑自行车了，走路时也要留神，别摔了。""小妹呀，明天要大风降温了，一定要给你儿子多穿点衣服，千万别让他感冒了。""小妹呀，天还不太热，先不要铺凉席，别让他受凉了。"有时，岳母还在电话中遥控指挥，让给外孙子从头到脚穿什么戴什么，大的小的、长的短的、厚的薄的、深的浅的，虽然都不在她的眼前，但一件件如数家珍。这也不奇怪，因为这些都是她亲自或指挥着"小妹"为外孙子购置的。每当接到此类具体指示时，妻子总是一边笑一边回答："妈，我知道了，我也刚听完天气预报。我是儿子的妈，能不管他吗？"

岳母今年78岁，身体非常硬朗。其实外孙子也已经十几岁，按理说不用管得太细了。但是，岳母依然把管他的事当作最大的快乐。妻子对此在理解的同时常发一些感慨："妈妈年轻的时候，整天忙于工作，对我们这辈的兄弟姐妹根本不操什么心。现在对孙子辈好得都有点让我眼馋了。"

不过需要说明的是，我家的专用天气预报也不是一年四季都能收得到，比如寒暑假期间就停止播报。因为那时外孙子正在姥姥身边呢！

（选自《北京晚报》 二平文）

새로 나온 단어

与众不同	yǔ zhòng bù tóng	성	일반 사람과 다르다, 남보다 뛰어나다
接收	jiēshōu	동	받다, 접수하다
岳母	yuèmǔ	명	장모
发布	fābù	동	발표하다
宠爱	chǒng'ài	동	총애하다
播报	bōbào	동	방송하다

完毕	wánbì	동	모든 것을 끝내다
口音	kǒuyīn	명	발음, 음성, 사투리
留神	liú shén	동	조심하다
遥控	yáokòng	동	원격 조정하다
购置	gòuzhì	동	물건을 사들이다
硬朗	yìnglang	형	정정하다, 단단하다
感慨	gǎnkǎi	명 동	감개, 감개하다

Zhushi 注释

1. **凉席** : 여름에 앉거나 누울 때 펴는 자리. 주로 대나무나 짚으로 엮어서 만든다.

2. **如数家珍** : 마치 자기 집의 보물을 세는 것 같이 상당히 익숙한 모양.

3. **依然** : 여전히. 예전과 마찬가지로.
   예 岳母依然把管他的事当作最大的快乐。

4. **眼馋** : 보고 탐내다. 눈독 들이다.

Lianxi
练习

01 보기에서 적당한 단어를 골라 빈칸을 채우시오.

1 我家专用的天气预报是由_____发布的。
   A. 我妻子　　　B. 电视台　　　C. 我岳母　　　D. 电话局

2 发布这样的天气预报是因为_____。
   A. 我家不收看天气预报
   B. 电视台晚上不播天气预报
   C. 我岳母的预报比电视台的准确
   D. 我岳母对外孙子特别关心

3 我岳母_____发布天气预报。
   A. 每天来电话　　　　　　　B. 天气变化不大时不来电话
   C. 一到下雪天才来电话　　　D. 除了寒暑假，每天来电话

4 我儿子穿什么衣服，岳母总是_____。
   A. 在电话里作指示　　　　　B. 来我家提要求
   C. 亲自去商店购买　　　　　D. 离得太远，无法操心

5 对岳母的遥控指挥，我妻子感到_____。
   A. 快乐　　　　　　　　　　B. 有点厌烦
   C. 有点奇怪　　　　　　　　D. 可以理解

02 본문을 읽고 다음 각 문장의 옳고 그름을 판단하시오.

1 我的儿子是在姥姥身边长大的。(　　)

2 我的儿子年龄太小，需要我岳母的关心。(　　)

3 妻子非常感谢我岳母的关心，因为她整天忙于工作。（　）

4 每当放假的时候，我儿子就去岳母家。（　）

5 岳母对我儿子平时穿的衣服非常了解。（　）

03 본문의 내용에 근거하여 빈칸을 채우시오.

1 我岳母今年_____，她说的普通话_____，她身体_____，关心外孙子是她最大的_____，外孙子的冷暖也是_____。

2 我儿子已经_____，他是我岳母_____，_____备受姥姥的_____。

3 我妻子的小名叫_____，她去给儿子买衣服也常常按照_____。岳母对儿子这么关心使她感到_____，因为她小时候岳母对她_____。

我是爸爸妈妈的眼睛

字数：680字 / 阅读时间：3.5分钟 / 答题时间：7分钟

小小的个子，嫩嫩的嗓音，七岁的王佳蕾稚气十足，让人难以想像刚刚在上海一所小学读二年级的她，竟是一家三口的主心骨。

"我是爸爸妈妈的眼睛。"因为父母都是盲人，佳蕾从懂事起就认准了这一点。她三岁多的时候就会自己穿衣服，自己洗澡，还会洗自己的小袜子。而开始洗全家的衣服大约是在一年前的冬天。那一次脏衣服又多又重，想到妈妈摸摸索索要洗半天，小佳蕾自告奋勇包下了一大盆。她使劲地搓了又搓，认认真真一遍遍地洗。年迈的外婆看见，水冻红了佳蕾的小手，溅湿了佳蕾的衣服，心疼得眼泪直掉。可是佳蕾咧开小嘴笑着，不一会儿就大声宣布："衣服洗好啦！"

从此，佳蕾更能干了。爸爸妈妈地扫不干净，她揽下了所有房间的清扫。开始做饭了,她又淘米又洗菜。去买菜,她牵着爸爸或妈妈穿行在拥挤的人群中,慢慢学会了挑选和搭配。附近的超市开张了,她领着爸妈去逛一逛,挑上几样他们爱吃的东西。若是爸爸妈妈寂寞了,机灵的她还带着他们去"看"风景……

为了上学方便,佳蕾得常常住在外婆家,可她对爸爸妈妈总是放心不下。他们会不会摔着?会不会烫着?家里又该收拾了吧——几天不见爸爸妈妈,佳蕾就急得饭都吃不下,而每次回到家,她立即就挽起袖子干活。有一次,听说妈妈上班时被车撞伤住院了,小佳蕾急着去探望,却总也等不来车,便一路走了两个多小时,赶到了妈妈的病床前。

这个聪明善良、早早当家的小姑娘,学习拔尖,性格开朗,还在少年宫学会了插花和编织。"我是爸爸妈妈的眼睛",她永远不会忘记自己的诺言。

(选自《人民画报》,严怡宁文)

새로 나온 단어

嫩	nèn	형	부드럽다, 연하다
稚气	zhìqì	형	어린아이 같다, 어린 티가 나다
盲人	mángrén	명	맹인, 시각장애인
搓	cuō	동	손을 비비다
年迈	niánmài	형	연로하다, 나이가 많다
外婆	wàipó	명	외할머니
溅	jiàn	동	물이 튀다

宣布	xuānbù	동	선포하다, 널리 알리다
揽	lǎn	동	끌어당기다, 떠맡다
拥挤	yōngjǐ	형	붐비다, 혼잡하다
搭配	dāpèi	동	배합하다, 조합하다, 결합하다
开张	kāizhāng	동	개업하다, 그날의 거래를 시작하다
寂寞	jìmò	형	적막하다
机灵	jīling	형	영리하다, 눈치 빠르다
探望	tànwàng	동	방문하다, 살피다
善良	shànliáng	형	선량하다, 착하다
拔尖	bájiān	형	뛰어나다, 출중하다
开朗	kāilǎng	형	쾌활하다, 활달하다
编织	biānzhī	동	옷감을 짜다
诺言	nuòyán	명	약속

{ 📋 Zhushi 注释 }

1 **主心骨** : 믿고 의지할 만한 사물이나 사람.

2 **自告奋勇** : 주동적으로 어떤 힘든 일을 맡다. 자진해서 나서다.

3 **从此** : 그때부터.
  예 从此，佳蕾更能干了。

4 **超市** : 수퍼마켓. '**超级市场**'의 줄임말.

5 **若是** : 만약에.
  예 若是爸爸妈妈寂寞了，机灵的她还带着他们去"看"风景……

6 当家 : 집안을 꾸려가다.

7 少年宫 : 어린아이들이 방과 후에 활동할 수 있는 장소.

Lianxi
练习

01 본문을 읽고 다음 물음에 답하시오.

1 小佳蕾从小就认准了什么？
   A. 父母都是盲人　　　　　　　B. 她应该多干家务
   C. 她必须比别的孩子懂事　　　D. 她是爸爸妈妈的眼睛

2 小佳蕾什么时候开始洗全家的衣服？
   A. 七岁　　　B. 六岁　　　C. 三岁　　　D. 六七岁

3 父母无聊的时候，她常常怎么办？
   A. 带父母去外面玩　　　　　　B. 带父母去逛超市
   C. 带他们穿行在人群中　　　　D. 挑几种他们爱吃的菜

4 小佳蕾在外婆家对父母的担心文中没谈到哪一点？
   A. 担心父母被车撞伤　　　　　B. 担心父母摔着
   C. 担心父母烫着　　　　　　　D. 担心家里该收拾了

5 本文的主要内容是什么？
   A. 小佳蕾自理能力很强　　　　B. 小佳蕾是全家的主心骨
   C. 小佳蕾很喜欢做家务　　　　D. 小佳蕾很聪明

02　밑줄 친 부분의 뜻을 설명하시오.

1　小小的个子，嫩嫩的嗓音，七岁的王佳蕾稚气十足。
　》

2　佳蕾从懂事起就认准了这一点。
　》

3　年迈的外婆看见，水冻红了佳蕾的小手……心疼得眼泪直掉。
　》

4　不一会儿就大声宣布："衣服洗好啦！"
　》

5　附近的超市开张了，她领着爸妈去逛一逛，挑上几样他们爱吃的东西。
　》

6　若是爸爸妈寂寞了，机灵的她还带着他们去"看"风景……
　》

7　佳蕾得常常住在外婆家，可她对爸爸妈妈总是放心不下。
　》

8　而每次回到家，她立即就挽起袖子干活。
　》

9　小佳蕾急着去探望，却总也等不来车，便一路走了两个多小时。
　》

10　这个聪明善良、早早当家的小姑娘，学习拔尖。
　》

充满爱心的丈夫

在生活中，能有几个互相帮助的朋友，是件幸福的事；能有一个充满爱心的丈夫，更是福中之福。

我有过一次失败的婚姻，有一个不在我身边的十岁男孩。

我再婚后，丈夫与孩子的第一次见面是在去年的夏天，孩子到我这儿来过暑假。孩子对丈夫总投去敌对的目光。丈夫没有失去信心，一有时间就和孩子聊天、下棋，还和孩子一起做游戏。孩子喜爱读书，能说许多成语，他和孩子进行成语比赛，鼓励孩子长大成为文学家；孩子爱谈天说地，他就给孩子讲历史故事，鼓励孩子将来做一个历史学家；孩子对恐龙发生了浓厚的兴趣，他就和孩子一起探讨恐龙的有关问题，鼓励孩子将来做一个古生物学家。孩子乐了："哎，叔叔，怎么越当越远啦？"

随着时间的推移，孩子与丈夫的感情越来越深。看到丈夫和孩子的那股亲热劲儿，我不由得流泪了。丈夫在我耳边轻轻地说："这有什么，你的孩子不就是我的孩子吗！"

（选自《北京晚报》，孟迪文，有删改）

01 윗글을 읽고 다음 각 문장의 옳고 그름을 판단하시오.

1 "我"再婚前已有一个孩子，但不和他住在一起。（　　）

2 孩子对"我"一直很不满意。（　　）

3 丈夫鼓励孩子是因为他认为孩子应该成为文学家。（　　）

4 丈夫表面上和孩子很亲热，实际上并不喜欢这个孩子。（　　）

07

정독 part 网络伴我成长
인터넷과 함께 성장하다

속독 part 网名
인터넷상의 닉네임

보충 part 中国网络小姐大赛
중국 인터넷 아가씨 선발대회

网络伴我成长

字数：610字 / 阅读时间：6分钟 / 答题时间：16分钟

我们家有一台电脑，是爸爸望子成龙的"系列产品"之一，但是过去除了偶尔玩玩电脑游戏外，我很少去碰它。可现在，它却成了我生活中不可缺少的一部分，甚至成了我的一个好朋友、一位好老师，我所有课外时间几乎都和它相伴度过。

我和电脑的这种亲密关系，是从1996年寒假开始的。在寒假里，我参加了网络冬令营。这是一个非常特殊的冬令营。在短短三天的时间里，老师引导着我们进行了一次奇妙的网上旅行。我们的这次旅行决不亚于尼尔斯和爱丽丝的任何一次行程。通过电脑网络，我们到了白宫，到了南极，到了非洲，环游了整个世界。

我第一次知道了什么是电脑网络，身在网中，第一次深切体会到：地球很小，就像个家庭。我深深地迷上了电脑网络。冬令营结束时，我用自己的压岁钱注册了一个互联网络的居民账号，获得了坐在家里就能够自由上网的权利。

电脑网络，不仅给了我许多知识，还让我交了许多从来没有见过面的朋友，更让我充分享受到当一个成年人的自由。现实生活中，在老师眼里我是个学生，在爸爸妈妈的眼里我永远是个长不大的孩子。而在电脑网络中，却没有人知道我是谁，更没有人知道我多大，甚至没有人知道我的性别。在这网络的世界里，我可以绝对平等、自由自在地和任何人交谈，并且参与主持了一个学生论坛——"校园生活"。

我在网络的海洋中尽情地遨游，视野开阔了，自信心也增强了，我觉得自己一下子变得成熟起来。

（选自《中外书摘》，小刚文，有改动）

새로 나온 단어

网络	wǎngluò	명	네트워크, 인터넷
奇妙	qímiào	형	기묘하다, 특이하다
注册	zhùcè	동	등록하다
账号	zhànghào	명	계좌번호
享受	xiǎngshòu	동	즐기다, 누리다
绝对	juéduì	형	절대적이다
参与	cānyù	동	참여하다
主持	zhǔchí	동	주관하다, 주재하다
论坛	lùntán	명	논단, 토론회
遨游	áoyóu	동	돌아다니며 놀다

视野	shìyě	명	시야
成熟	chéngshú	형	성숙하다

고유명사

尼尔斯	Ní'ěrsī	닐스. 스웨덴 아동탐험소설『거위를 탄 여행기』의 주인공
爱丽丝	Àilìsī	앨리스. 영국 아동소설『이상한 나라의 앨리스』의 주인공
白宫	Báigōng	백악관
南极	Nánjí	남극
非洲	Fēizhōu	아프리카

Zhushi 注释

1. **望子成龙**: 자녀가 성장해서 출중하거나 유능한 인물이 되기를 바라다.

2. **系列产品**: 한 세트로 만든 상품.

3. **偶尔**: 어쩌다. 때때로.
   예 过去除了偶尔玩玩电脑游戏外, 我很少去碰它.

4. **冬令营**: 겨울 동안 청소년들에게 짧은 기간 휴식처와 오락 등을 제공하는 야영지.

5. **不亚于**: ~에 뒤지지 않는.
   예 我们的这次旅行决不亚于尼尔斯和爱丽丝的任何一次行程.

6. **压岁钱**: 설날에 어른들이 세배하는 아이들에게 주는 돈. 세뱃돈.

Lianxi
练习

01 본문을 읽고 다음 물음에 답하시오.

1 父亲为什么给他买电脑？
   A. 希望他长大有出息　　　　B. 让他玩电脑游戏
   C. 丰富他的生活　　　　　　D. 给他一个相伴的朋友

2 1996年寒假他做什么了？
   A. 一直在网上旅行　　　　　B. 去了白宫、南极和非洲
   C. 环游了整个世界　　　　　D. 参加了一个冬令营

3 这次冬令营他有什么收获？
   A. 他知道了地球很小
   B. 真正感受到了网络的神奇
   C. 注册了一个互联网络的居民账号
   D. 获得了在家自由上网的权利

4 电脑网络带给他的变化文中没提到哪一点？
   A. 父母改变了对自己的看法　　B. 学到了很多知识
   C. 结交了许多朋友　　　　　　D. 尝到了当成年人的滋味

5 为什么网上能享受到当成年人的自由？
   A. 在网上大家都绝对平等　　　B. 上网后他变得自信、成熟
   C. 在网上不看重年龄　　　　　D. 在网上大家都互不了解

6 他没把网络比作什么？
   A. 家庭　　　B. 好朋友　　　C. 好老师　　　D. 大海

02 다음 각 문장과 의미가 가장 가까운 것을 고르시오.

1 我们家有一台电脑，是爸爸望子成龙的"系列产品"之一。
  A. 为了让他成材，父亲买了不少东西
  B. 为了让他成材，父亲只给他买了电脑
  C. 他家的电脑是父亲给他制作的产品
  D. 父亲为他制作了不少成材的产品

2 过去除了偶尔玩玩电脑游戏外，我很少去碰它。
  A. 以前我对电脑有点害怕，不敢去碰它
  B. 以前我对电脑不感兴趣
  C. 以前我不会玩电脑
  D. 以前电脑很少见

3 我们的这次旅行决不亚于尼尔斯和爱丽丝的任何一次行程。
  A. 我们的这次旅行比尼尔斯和爱丽丝的差一点
  B. 我们的这次旅行不比尼尔斯和爱丽丝的差
  C. 我们的这次旅行比尼尔斯和爱丽丝的有趣一点
  D. 我们的这次旅行比尼尔斯和爱丽丝的更神奇

4 现实生活中，在老师眼里我是个学生，在爸爸妈妈的眼里我永远是个长不大的孩子。
  A. 老师和家长总是高高在上　　B. 现实生活中父母不关心我
  C. 老师对学生不太好　　　　　D. 老师和家长都关心我

5 在电脑网络中，却没有人知道我是谁，更没有人知道我多大，甚至没有人知道我的性别。
  A. 在网上大家互不关心
  B. 在网上大家彼此了解得极少
  C. 在网上从来不谈年龄和性别
  D. 在网上大家都不想知道年龄和性别

6 我在网络的海洋中尽情地遨游……我觉得自己一下子变得成熟起来。
　　A. 网络使他非常成熟了　　　　B. 网络使他成熟一点了
　　C. 网络使他开始成熟了　　　　D. 网络使他一下子成熟了

03 보기에서 적당한 단어를 골라 빈칸을 채우시오.

1 我在知识的_____中尽情地遨游。
　　A. 天空　　　B. 海洋　　　C. 湖海　　　D. 大河

2 上网后，孩子们的眼界_____了。
　　A. 开阔　　　B. 广阔　　　C. 广大　　　D. 宽阔

3 我很少进城，只是在节假日_____去逛逛。
　　A. 很少　　　B. 极少　　　C. 偶尔　　　D. 很多

4 去年暑假，我是在青岛的姨妈家_____的。
　　A. 过去　　　B. 度过　　　C. 经过　　　D. 去过

5 在朋友面前他总是很快乐，_____在内心也有不少苦恼。
　　A. 而　　　　B. 却　　　　C. 而且　　　D. 然后

6 今年_____冬天他都坚持锻炼身体。
　　A. 一个　　　B. 整个　　　C. 全　　　　D. 整

7 黄河全长有5400公里，是中国有名的长河_____。
　　A. 一个　　　B. 一条　　　C. 之一　　　D. 之中

网名

字数：610字 / 阅读时间：3分钟 / 答题时间：9分钟

　　恐怕没有几个人愿意在网上公开自己的真名实姓，于是，网名便产生了。上网之前，每个人都会为自己精心挑选、创造一个网名。如果您留心一下就会发现，这些五花八门的网名，比他们爹妈包办的真实姓名可精彩多了。归纳起来，网名大致有以下几种类型：

　　最常见的是理想型网名。这些网民挑选的大都是自己喜欢的字眼儿，比如"小雪"、"北方"、"夏子"、"阿竹"等等。就像我的一位朋友，一直嫌爸妈起的名字太俗气，从初中起就钟情于"小雪"这个名字，本以为只能在女儿身上实现自己的夙愿，可如今女儿虽无，她自己倒已成了网上的"小雪"。还有一种是幽默型。常选用一些让人觉得好笑的词。如"阿呆"、"笨笨"、"大丸子"。有一对儿兄弟，哥哥叫"葱头"，弟弟叫"大蒜"，从中倒也不难看出其"血缘"关系。也有一些人借用电影或者小说中英雄豪杰——他们心目中的偶像来作自己的网名。如"蝙蝠侠"、"超人"之类。另外有些网名借用外国人的名字，这类名字充满异域风情，洋味儿十足。

在网上，人们不但要隐瞒自己的身份、姓名，更有不少人不想透露自己的性别，于是就利用网名（可以说这是隐瞒自己性别的最佳、也是最常用的手段）达到以假乱真的目的。有人说，在网上，叫"美女"的十有八九是个男人，叫"帅哥"的说不定是个妙龄女郎；叫"阿丑"的往往长得漂亮，而叫"美美"的却常常相貌平平。在此告诫各位网民，在网上千万不可以"名"取人，其中真真假假，实在是虚实难辨。

새로 나온 단어

创造	chuàngzào	동	창조하다
包办	bāobàn	동	(혼자 책임지고) 도맡아 처리하다
归纳	guīnà	동	결론짓다, 귀납하다
俗气	súqi	형	속되다, 촌스럽다
夙愿	sùyuàn	명	숙원
幽默	yōumò	형	유머스럽다
葱头	cōngtóu	명	양파
大蒜	dàsuàn	명	생강
血缘	xuèyuán	명	혈연
英雄	yīngxióng	명	영웅
豪杰	háojié	명	호걸

偶像	ǒuxiàng	명	우상
大侠	dàxiá	명	대협, 옛날 의협심이 강한 사람을 부르던 말
蝙蝠	biānfú	명	박쥐
超人	chāorén	명	수퍼맨
充满	chōngmǎn	동	가득차다
异域	yìyù	명	다른 나라, 다른 지역
风情	fēngqíng	명	풍습
隐瞒	yǐnmán	동	덮어버리다, 숨기다
透露	tòulù	동	토로하다, 어떤 사실을 폭로하고 드러내다
帅哥	shuàigē	명	잘생긴 남자
妙龄	miàoling	명	묘령, 꽃다운 나이
女郎	nǚláng	명	소녀, 젊은 여성
告诫	gàojiè	동	경고하다, 훈계하다

Zhushi 注释

1. **五花八门** : 형형색색이다. 아주 다양하다.

2. **嫌** : 싫어하다. 혐오하다.
   예 就像一位朋友，一直嫌爸妈起的名字太俗气。

3. **钟情于** : ~에 애정을 기울이다.

4. **虚实难辨** : 진짜인지 가짜인지 구분하기가 어렵다.

Lianxi
练习

01 본문을 읽고 다음 물음에 답하시오.

1 本文谈到几种网名？
   A. 五种　　　　　B. 四种　　　　　C. 六种　　　　　D. 三种

2 网名与真实姓名相比有何不同？
   A. 网名都很好听　　　　　　B. 网名都反映了网民的理想
   C. 网名都很好玩儿　　　　　D. 网名比他们的真名更精彩

3 为什么要起网名？
   A. 不喜欢原来的名字　　　　B. 网名更精彩
   C. 想隐瞒自己　　　　　　　D. 网名更方便

4 带有性别字眼儿的网名能反映其性别吗？
   A. 都与真实性别相反　　　　B. 很少不是真的
   C. 几乎都是假的　　　　　　D. 一半是假的

5 作者认为叫"美美"的人外貌如何？
   A. 长相一般　　　　　　　　B. 长得比较漂亮
   C. 可能很难看　　　　　　　D. 长得非常美丽

6 叫"帅哥"的人怎么样？
   A. 一定很帅气　　　　　　　B. 也许是个姑娘
   C. 一定是个年轻漂亮的姑娘　D. 可能长相一般

95

7 为了隐瞒性别，网民们常常怎么做？
   A. 起与自己性别不相符合的名字
   B. 借用电影或小说里的名字
   C. 使用外国人的名字
   D. 起一个没有性别的名字

8 在网上为什么不能以"名"取人？
   A. 网名反映的都是假的
   B. 网民都想通过网名以假乱真
   C. 网名是隐瞒身份的最佳手段
   D. 网名包含的内容真假难辨

02 밑줄 친 부분의 뜻을 설명하시오.

1 如果您留心一下就会发现，这些五花八门的网名，比他们爹妈包办的真实姓名可精彩多了。

2 归纳起来，网名大致有以下几种类型。

3 最常见的是理想型网名。这些网民挑选的大都是自己喜欢的字眼儿。

4 从初中起就钟情于"小雪"这个名字。

5 本以为只能在女儿身上实现自己的夙愿，可如今女儿虽无，她自己倒已成了网上的"小雪"。

6 人们不但要隐瞒自己的身份、姓名，更有不少人不想透露自己的性别。
》

7 可以说这是隐瞒自己性别的最佳、也是最常用的手段。
》

8 有不少人不想透露自己的性别，于是就利用网名达到以假乱真的目的。
》

9 在网上，叫"美女"的十有八九是个男人，叫"帅哥"的说不定是个妙龄女郎。
》

10 叫"阿丑"的往往长得漂亮，而叫"美美"的却常常相貌平平。
》

11 在此告诫各位网民，在网上千万不可以"名"取人，其中真真假假，实在是虚实难辨。
》

中国网络小姐大赛

보충 part
补充部分

　　本周六，首届中国网络小姐大赛北京赛区的分组测试即将结束。由于这次大赛挂上"小姐"二字，总让人感到有些疑惑。几年前，女大学生拒绝选美事件曾经引起广泛的社会讨论。而今天的网络小姐选拔是不是会又让人想到选美。针对记者关于此次大赛目的的提问，组织者回答说："网络小姐并不是选美，参与其中的大都是知识女性，比赛比的是新时代女性的知识、智慧和综合素质。向更多的人普及网络知识，让更多的人感受到网络带来的机遇和乐趣，是我们组办这次活动的目的。"参赛者也说："网络小姐的评选看中的是知识和智慧，而不是容貌，网络小姐应该能代表现代知识女性的风貌。"

01 윗글을 읽고 다음 물음에 답하시오.

1 "网络小姐大赛"比什么？在社会上会有什么积极的影响？

2 这次比赛和选美比赛有什么区别？

02 다음 각 문장의 옳고 그름을 판단하시오.

1 女大学生反对这次比赛用"小姐"两个字。（　　）

2 参赛者一般都需要有一定的网络知识。（　　）

08

정독 part 常出去走走
자주 나가서 바람을 쐬라

속독 part 离婚的理由
이혼하는 이유

보충 part 健忘症
건망증

常出去走走

字数:490字 / 阅读时间:5分钟 / 答题时间:15分钟

恋爱时,恋人总爱双双对对地出入于公园,在林间悠闲自在地散步,身处鸟语花香之间,从而加深了解,增进情感,最终走到了同一个屋檐下。随着结婚日久,两人互相已了如指掌,除了与日常生活相关的话语之外,心灵的交流也就少了。特别是有了孩子之后,家务增多了,妻子更忙碌了;随着支出的增加,丈夫负担重了,心里的压力也更大了。两人家内家外忙了一天,累得腰酸背疼,彼此间说话的嗓门儿会越来越高,相互间埋怨也会越来越多,白天难有笑脸,晚上躺下便睡,哪儿还有工夫交流!缺乏交流,爱的花朵就容易被风吹落。

有空,特别是应该忙中抽空,放下家中的一切事情,常出去走走,到草地林间换一换环境,走在暖融融的阳光下,欣赏一下红花绿叶，在鸟语花香中暂时摆脱生活中的一切烦恼和压力。常出去走走，换一换生活的背景，因为一成不变的背景会使人失去感觉，在不同的背景下，人会产生不同的心情。一家人并肩走在美丽的大自然中，互相交流一下，聊聊生活的感受和对未来的憧憬，可以增进双方的了解和感情。明天即使依然忙碌，也会忙得舒心，忙得快乐。

（选自《北京晚报》，陆健文，有改动）

새로 나온 단어

단어	병음	품사	뜻
悠闲	yōuxián	형	여유롭다, 한가롭다
自在	zìzai	형	자유롭다
增进	zēngjìn	동	증진시키다
屋檐	wūyán	명	처마
了如指掌	liǎo rú zhǐ zhǎng	성	제 손금을 보듯이 훤하다
心灵	xīnlíng	명	영혼, 마음, 심령
忙碌	mánglù	형	바쁘다
支出	zhīchū	명	지출
压力	yālì	명	압력
嗓门儿	sǎngménr	명	목소리
埋怨	mányuàn	동	원망하다
摆脱	bǎituō	동	벗어나다
背景	bèijǐng	명	배경
憧憬	chōngjǐng	동	동경하다
舒心	shūxīn	형	(마음이) 편안하다, 푸근하다

{ Zhushi 注释 }

1 腰酸背疼 : 신체가 몹시 피곤한 상태.

2 彼此 : 쌍방.
예 两人家内家外奔忙一天，累得腰酸背疼，彼此间说话的嗓门会越来越高……

3 一成不变 : 한 번 정해지면 다시는 변하지 않다. 고정 불변하다.

Lianxi 练习

01 본문을 읽고 다음 물음에 답하시오.

1 作者认为:
   A. 有空的时候应常出去走走
   B. 应抽时间出去走走
   C. 有红花绿树的时候应出去走走
   D. 恋爱时应常出去走走

2 有了孩子后，家庭会有什么变化？
   A. 妻子家务更多了   B. 丈夫压力变大了
   C. 夫妻俩更辛苦了   D. 妻子家务一下子增多了

3 为什么夫妻交流越来越少？
   A. 相互不了解了　　　　　　B. 彼此不再相爱
   C. 讨厌对方了　　　　　　　D. 双方压力太大

4 常出去走走有什么好处？
   A. 可以减轻压力，增进感情　B. 可以换换生活的背景
   C. 呼吸到新鲜的空气　　　　D. 摆脱忙碌的生活

02 밑줄 친 부분의 뜻을 설명하시오.

1 <u>恋人总爱双双对对地出入于公园</u>……<u>最终走到了同一个屋檐下</u>。
   »

2 随着结婚<u>日久</u>，两人互相已<u>了如指掌</u>。
   »

3 两人家内家外奔忙一天，累得腰酸背疼，<u>彼此间说话的嗓门会越来越高</u>。
   »

4 白天难有<u>笑脸</u>，晚上躺下便睡，<u>哪儿还有工夫交流</u>！
   »

5 缺乏交流，<u>爱的花朵就容易被风吹落</u>。
   »

6 <u>一成不变的背景</u>会使人失去感觉。
   »

7 <u>聊聊生活的感受和对未来的憧憬</u>。
   »

8 明天即使依然忙碌，也会忙得舒心，忙得快乐。

03 보기에서 적당한 단어를 골라 빈칸을 채우시오.

1 恋爱时，恋人总爱双双对对地_____于公园。
 A. 出现　　　　B. 出入　　　　C. 出去　　　　D. 出来

2 在林间悠闲自在地散步，身处鸟语花香之间，_____加深了解，_____情感。
 A. 从而　　　　B. 从此　　　　C. 因此　　　　D. 而且

 A. 增加　　　　B. 增添　　　　C. 增进　　　　D. 增大

3 到草地林间_____环境，欣赏一下红花绿叶。
 A. 改变　　　　B. 换换　　　　C. 变化　　　　D. 变成

4 互相交流一下，聊聊生活的_____和对未来的憧憬。
 A. 感受　　　　B. 感觉　　　　C. 感情　　　　D. 想法

5 明天_____依然忙碌，也会忙得舒心，忙得快乐。
 A. 不管　　　　B. 不论　　　　C. 既然　　　　D. 即使

104

离婚的理由

字数：530字 / 阅读时间：3分钟 / 答题时间：8分钟

他俩离婚的理由很简单。他嫌她太懒，屋里整天乱七八糟的，洗衣机里的衣服不"溢"出来从不肯开机；她嫌他笨，连个自行车都不会修，水龙头坏了也得求人修。他们三天一吵，五天一闹，日子久了，彼此都厌倦了，于是他们想离婚。

在等待法院传票的日子里，他们各居一室，客厅每日轮流打扫。她的房间每天擦拭得一尘不染，布置得井井有条。他也不知道怎么就学会了修自行车，水龙头也再没出过毛病。平日里不大爱看电视的他每晚都要守在客厅里直到"再见"，她也渐渐喜欢看足球了，而不是只对言情剧发呆。

法院传票终于下来了——明早九点，民事审判厅3室。那天夜里他们都失眠了。第二天，他们各自早早出了门，晚上天快黑了他们才各自回到家。回到家后，他写了张纸条（自从提出离婚，他们就没有了语言交流），递给她：你为什么不到厅？她只扫了一眼，在纸条上轻轻点了点，又把纸条原封不动地还给他。他们相视而笑。

其实，他们都去了法院，只是各自躲在暗处窥视对方。其实，他们现在谁也不想离婚，因为他们谁也提不出离婚的理由了。

有的时候，年轻的夫妇想离婚时就这么简单！

새로 나온 단어

乱七八糟	luànqībāzāo	형	엉망진창이다
厌倦	yànjuàn	형	지겹다, 어떤 것에 질리다
法院	fǎyuàn	명	법원
传票	chuánpiào	명	소환장
轮流	lúnliú	동	순번대로 하다, 돌아가며 하다
擦拭	cāshì	동	깨끗이 닦아내다
井井有条	jǐng jǐng yǒu tiáo	성	조리 정연하다, 질서 정연하다
失眠	shī mián	동	잠을 자지 못하다
窥视	kuīshì	동	몰래 엿보다

{ 📋 Zhushi 注释 }

1 一尘不染 : 환경이 매우 청결하다.

2 言情剧 : 내용이 남녀의 애정을 위주로 하는 희극이나 연속극. 멜로드라마.

3 发呆 : 어떤 일에 너무 몰두해서 다른 일은 완전히 잊어버리다.

4 民事审判厅 : 민사소송건을 책임지고 심리하는 법정.

5 各自 : 각자.
예 第二天，他们各自早早出了门。

6 原封不动 : 원래의 모양새를 유지하여 어떤 변화도 없다.

7 其实 : 사실 말하고자 하는 것이 실제상황이라는 것을 나타낸다.
예 其实，他们都去了法院，只是各自躲在暗处窥视对方。

Lianxi 练习

01 다음 각 문장과 의미가 가장 가까운 것을 고르시오.

1 他们三天一吵，五天一闹，日子久了，彼此都厌倦了。
　A. 他们常常吵架　　　　　　B. 他们一吵就是三天
　C. 他们五天吵一次架　　　　D. 他们天天吵架

2 平日里不大爱看电视的他每晚都要守在客厅里直到"再见"。
   A. 妻子不说"再见"他就不离开客厅
   B. 他一直很喜欢看电视
   C. 他现在每天看电视看到很晚
   D. 他跟妻子说了"再见"才离开客厅

3 她也渐渐喜欢看足球了,而不是只对言情剧发呆。
   A. 她现在最喜欢看足球
   B. 现在她除了言情剧不看别的
   C. 现在她不太喜欢看言情剧了
   D. 以前她只喜欢看言情剧

4 自从提出离婚,他们就没有了语言交流。
   A. 提出离婚后,他们从来不交流任何事
   B. 提出离婚后,他们就没有共同语言了
   C. 提出离婚后,他们彼此不再说话
   D. 提出离婚后,他们一直谈论这件事

5 有的时候,年轻的夫妇想离婚时就这么简单。
   A. 年轻的夫妇想离婚却很难办到
   B. 年轻的夫妇有时会因一点小事闹离婚
   C. 年轻的夫妇动不动就离婚
   D. 年轻的夫妇把离婚想得太简单

02 다음 각 문장의 옳고 그름을 판단하시오.

1 他们俩并没有离婚的理由。(   )

2 妻子总是等到洗衣机里的衣服多得放不下了才去洗。(   )

3 提出离婚后,夫妇俩每天分别打扫客厅。(   )

4 妻子现在每天把他们的家收拾得井井有条。(　　)

5 一提出离婚，妻子就喜欢看足球了。(　　)

6 那天，他们都去了民事审判厅。(　　)

7 提出离婚后，他们各自开始改变着自己。(　　)

03 빈칸에 적당한 글자를 써넣으시오.

1 (　)花(　)门　　2 (　)语(　)香

3 (　)有八(　)　　4 乱(　)(　)糟

5 (　)(　)有条　　6 原封(　)(　)

7 (　)尘(　)染　　8 (　)(　)指掌

健忘症

보충 part
补充部分

　　前些年住平房时，挨着我住的一家邻居是一对年轻的夫妻带着一个两岁多的小男孩，我们两家的关系挺不错。这家的男主人是个大大咧咧、爱说爱笑的人。记得有一天休息，上午没事，我们坐在院里聊天儿。他妻子对他说："家里没葱了，你去买点儿葱，顺便带两袋奶回来。"小伙子答应一声抬腿就往外走。走得快回来得也快，没几分钟空着两手回来了。他妻子问："你买的东西呢？"他拍拍衣服兜笑道："忘带钱了。"他进屋拿了钱刚要走，我说："你骑我的车去吧，还快点。"他点点头推起车就走了。

　　过了大约十几分钟，只见他哼着歌，手里拿着大葱回来了。他妻子见了忙问："大哥的车呢？"他先一愣，然后拍着脑门说："嘿！我都忘了是骑车去的，车子可能是丢在自由市场了。"他妻子赶紧又问："让你买的奶呢？"他笑道："一定是买葱时忘在人家菜摊上了。"妻子生气地喊道："还不快去把大哥的车找回来！"这时他的小孩也要一块儿去，他妻子连忙说："别去，不然呆会儿还得找你去。"她这一说，我们都笑了。

（选自《北京晚报》，李祥云文）

01 윗글을 읽고 다음 물음에 답하시오.

1 课文里提到的两家人的关系怎么样？为什么？
　》

2 邻居家男主人要去买什么？他第一次忘了什么？
　》

3 第二次他又忘了什么？丢了什么？
　》

4 妻子为什么不让孩子去？
　》

5 邻居家男主人是什么样的人？
　》

09

정독 part 夫妻旗袍店
부부 치파오 가게

속독 part 走入寻常百姓家
평범한 가정을 방문하다

보충 part 踢毽子
제기차기

夫妻旗袍店

字数：800字 / 阅读时间：8分钟 / 答题时间：16分钟

曹老先生的这个小小的旗袍店真是闹中取静：它位于胡同深处，东边就是东单服饰街，离繁华的商业街王府井也不远。但由于曹老先生的这个小小的旗袍店，它所在的北京灯市口干面胡同不能清静。

一见面，72岁的曹老先生先递给我名片，上面除姓名、地址、电话外，还有四个字"专做旗袍"。就这四个字和这里间卧室、外间作坊的20多平方米灰砖青瓦老屋，吸引了络绎不绝的中外顾客。

一个裁衣案，一台老式脚踏缝纫机和一把60年代的电熨斗，是他们夫妇做活的全部家当。11岁学艺的曹老先生从业已60余年，老伴自22岁嫁到曹家，就在这间小屋和旗袍针线活儿打交道。早年间，中国一些京剧大师的戏装、便装，大多都出自他们之手。虽说现在穿旗袍的不比以前多了，可对它感兴趣的人却不少，加上两位老人为人和善、裁剪得体、做工精细，所以每日光顾的客人令夫妇俩应接不暇。

这些年，不少在北京的留学生毕业前找到这里，做上件旗袍：我们是学中国文化的，让中国传统文化再把我们"包装"一下，更有意义。一些来华工作的外国人也常来旗袍店。两位老人最高兴的是近几年来做旗袍的中国年轻人多起来了，他们觉得旗袍既有中国特色，穿上又好看。一对年轻人来此做了三件旗袍，他们说，这是为结婚而做的礼服，"我们在旗袍和洋服之间选择了前者。旗袍是我们中华民族的服装文化的一个代表，今后珍藏起来是艺术品"。

还有一位专门研究民族服饰文化的女士，从东北找到旗袍店，跟曹老先生聊了好几天，临走还做了好几件旗袍带回去……

虽然年纪大了，老两口也感到身体大不如前，可他们不想退下来，他们已经把做旗袍当作自己生活的一部分了。

现在，他们已经把这做旗袍的手艺传给了女儿，老人说，今后，这手艺就靠她来接班了。

(选自《人民画报》，解琛文，有改动)

새로 나온 단어

旗袍	qípáo	명	치파오(중국 여성의 전통옷)
繁华	fánhuá	형	번화하다
胡同	hútong	명	골목
清静	qīngjìng	형	깨끗하다, 청정하다
作坊	zuōfang	명	작업실
络绎不绝	luò yì bù jué	성	(사람, 말, 수레 등의 왕래가) 끊임없이 이어지다
缝纫机	féngrènjī	명	재봉틀
电熨斗	diànyùndǒu	명	전기다리미
家当	jiādang	명	재산
从业	cóngyè	동	(어떤 일에) 종사하다
便装	biànzhuāng	명	평상시에 입는 옷, 평상복
和善	héshàn	형	온화하고 선량하다
得体	détǐ	형	알맞다, 적당하다
做工	zuògōng	명	제작 기술, 배우들의 동작
精细	jīngxì	형	정밀하고 세밀하다
光顾	guānggù	동	~을 단골로 삼다
应接不暇	yìng jiē bù xiá	성	접대하기에 매우 바쁘다
包装	bāozhuāng	명/동	포장물, 포장하다
珍藏	zhēncáng	동	수집하다
手艺	shǒuyì	명	솜씨
接班	jiē bān	동	일을 교대로 이어받다

고유명사

东单	Dōngdān	지명	둥딴
灯市口	Dēngshìkǒu	지명	덩스커우

{ Zhushi 注释 }

1 闹中取静 : 시끄러운 환경에서 한적하고 고요함을 유지하다.

2 针线活儿 : 자수 혹은 재봉과 같은 일의 총칭.

3 打交道 : 교제하다. 왕래하다.
　예 老伴自 22 岁嫁到曹家，就在这间小屋和旗袍针线活儿打交道。

4 为(wéi)人 : 사람의 됨됨이.
　예 我们都知道他的为人。

Lianxi 练习

01 본문을 읽고 다음 물음에 답하시오.

1 曹老先生的家在东单的什么地方？

2 曹老先生今年大概多大年纪了？

3 曹老先生的店为什么受欢迎？

4 文中谈到哪几种光顾曹老先生旗袍店的人？
   »

5 为什么现代人对旗袍又重视起来了？
   »

02 다음 각 물음에 답하시오.

1 曹老先生住的胡同为什么不清静？
   A. 靠近东单服饰街　　　　　B. 离商业繁华王府井太近
   C. 在胡同深处　　　　　　　D. 有曹老先生的旗袍店

2 曹老先生的店受欢迎的原因文中没谈到哪一点？
   A. 为人和善　　　　　　　　B. 价格合理
   C. 裁剪得体　　　　　　　　D. 做工精细

3 曹老先生的旗袍店为什么生意那么好？
   A. 中国人喜欢穿旗袍　　　　B. 对旗袍感兴趣的人很多
   C. 外国人都喜欢旗袍　　　　D. 京剧大师常常光顾

4 外国人觉得旗袍：
   A. 是中国文化的一种代表　　B. 是中国的代表
   C. 可以更好得包装自己　　　D. 包含着很多意义

5 令曹老先生感到高兴的是：
   A. 来旗袍店的中国年轻人多了
   B. 外国留学生多了
   C. 来旗袍店的京剧大师多了
   D. 来华工作的外国人来旗袍店的多了

03 밑줄 친 부분의 뜻을 설명하시오.

1 曹老先生的这个小小的旗袍店<u>虽处胡同深处</u>,却吸引了络绎不绝的<u>中外顾客</u>。
   »

2 中国<u>一些</u>京剧大师的<u>戏装</u>、<u>便装</u>,<u>大多都出自他们之手</u>。
   »

3 每日<u>光顾</u>的客人令夫妇俩<u>应接不暇</u>。
   »

4 <u>临走</u>还做了好几件旗袍带回去。
   »

5 <u>老两口</u>也感到身体<u>大不如前</u>。
   »

走入寻常百姓家

字数：720字 / 阅读时间：3.5分钟 / 答题时间：9分钟

　　登过了长城，逛过了故宫，在挪威一家旅行社工作的里格默尔女士还是觉得中国很遥远，很神秘。她很想知道，在地球的这一边，人们究竟是怎么生活的。

　　就这样，她走进了北京西旧帘子胡同的李大妈家。两人通过导游的翻译闲聊起来。说着说着，李大妈提到了自己的儿子、女儿和外孙，里格默尔女士情不自禁地拿出随身带着的家庭相册给李大妈看：

　　"这是我儿子，今年15岁，正上中学呢。"

　　"个儿真高"，李大妈说，"我那俩儿子也不矮呀……"

　　两个人谈得越来越热乎。

　　抱着和里格默尔女士一样的想法，越来越多的游客走进了普普通通的小胡同，走进了中国的寻常百姓家。

　　小胡同中的小饭馆、理发店，四合院的门楼、砖雕，院里种的花草，屋檐下的鹦鹉笼，窗前的金鱼缸……在外国游客眼里都是新鲜玩艺儿。当然他们最感兴趣的，还是现代化的电器怎么摆进祖先留下的古老房屋，四合院里十几户居民怎么和睦相处，四世同堂的人家怎么尊老爱幼……

　　有位日本记者要住进小胡同，过一天老北京市民的生活：早晨四点钟起来，听胡同里的第一声响，到公园去打太极拳，到早市去买菜，回"家"做饭，晚上到街上扭秧歌。还有一对瑞士青年要在中国居民家中举办中国式婚礼。有一百多位外国老人甚至提出要在大年三十住进几十户中国百姓家里，和他们一起包饺子，喝二锅头，打扑克，放烟花……

　　走入了寻常百姓家，中国就不再遥远，不再神秘，不再陌生。

（选自《人民画报》，一苇文，有改动）

새로 나온 단어

百姓	bǎixìng	명	일반 백성, 사람들
遥远	yáoyuǎn	형	멀다, 요원하다
神秘	shénmì	형	신비하다
闲聊	xiánliáo	동	대화를 나누다
热乎	rèhu	형	사이가 좋다, 친밀하다
鹦鹉	yīngwǔ	명	앵무새

和睦	hémù	형	화목하다
举办	jǔbàn	동	거행하다, 개최하다
扑克	pūkè	명	트럼프
烟花	yānhuā	명	불꽃
고유명사			
挪威	Nuówēi		노르웨이
里格默尔	Lǐgémòr	인명	리그무어
瑞士	Ruìshì		스위스

1 玩艺儿 : '玩意儿'이라고도 하며, 물건이나 사물을 지칭한다.
　예 （它们）在外国游客眼里都是新鲜玩艺儿。

2 四合院 : 대표적인 북방민족의 거주형태로, 사면이 방이고 가운데는 정원이다.

3 尊老爱幼 : 노인을 공경하고 아이들을 사랑하다.

4 扭秧歌 : 주로 북방의 농촌에서 유행하던 춤이 **秧歌**이며, **秧歌**를 추는 것을 '**扭秧歌**'라고 한다.

Lianxi
练习

01 본문을 읽고 다음 물음에 답하시오.

1 除了名胜古迹，外国人还想了解中国的哪方面？

2 通常老北京市民的一天是怎样过的？

3 了解中国普通人生活的最佳途径是什么？

4 对胡同外国人最感兴趣的是什么？

5 中国百姓怎么过年？

02 밑줄 친 부분의 뜻을 설명하시오.

1 <u>在地球的这一边</u>，人们究竟是怎么生活的。

2 <u>说着说着</u>，李大妈提到了自己的儿子、女儿和外孙。

3 两个人谈得越来越<u>热乎</u>。

4 越来越多的游客走进了普普通通的小胡同,走进了中国的<u>寻常百姓家</u>。

5 在外国游客眼里都是<u>新鲜玩艺儿</u>。

6 四合院里十几户居民怎么<u>和睦相处</u>。

03 다음 각 문장의 뜻에 해당하는 성어를 말해보시오.

1 来往的人连续不断。

2 事情很多,来不及应付。

3 感情激动,控制不住自己。

4 大家相处得很好。

5 对事物了解得非常清楚。

6 房间收拾得非常干净。

踢毽子

보충 part
补充部分

儿女都在外面建了新家。家里只有我们老夫妻俩，日子长了，就觉得有点单调、寂寞。

一日，妻买回一只鸡。一见那亮丽的羽毛，便想起少年时代的游戏：踢毽子。我对妻说："给我几根鸡毛。"妻问："干啥？"我说："做几个毽子踢踢。"妻笑："哟，头发都白了，你以为自己还是十几岁的少年啊？"妻随手给我几根鸡毛。三五分钟，毽子就做成了。

啪，啪，啪……我踢了起来。一，二，三……我数着数儿。

在我们老家，男的、女的，都喜欢踢毽子，这是乡里年轻男女一项既省钱又有情趣的体育活动，也为年轻男女相识相爱提供了机会。我和妻子就是踢毽子踢出了感情好上的。

听见啪啪声，妻从厨房跑了过来，一见那翻飞的毽子，顿时露出了笑脸，说："我来试试。"两人面对面，你踢给我，我踢给你，一只毽子就像燕子翩翩翻飞。踢着踢着，妻提起了当年的事情："记得吗，那次你踢输了，就要赖，不肯伸手背给我打。"我说："手背没给你打，耳朵不是让你揪了吗？"妻一听，扑哧一声乐了。此后，有空的时候，我和妻就踢踢毽子，踢得身子热乎乎，心头乐滋滋，活动了手脚，日子也多了几分滋味，添了几分情趣。

（据《北京晚报》万叠云《毽子踢出少年情》一文改写）

01 윗글을 읽고 다음 각 문장의 옳고 그름을 판단하시오.

1 有一天，妻子买了一只鸡，我请人用鸡毛做了一只毽子。（　　）

2 我和妻子年轻时一起踢过毽子。（　　）

3 踢毽子在农村是一项很普遍的体育活动。（　　）

4 踢毽子消除了这一对夫妇生活里的寂寞。（　　）

10

정독 part 变色汽车向我们驶来
색깔이 변하는 차가 우리를 향해 달려온다

속독 part 网上购物
인터넷 쇼핑

보충 part 您来设计我实现
직접 설계하시면 만들어드립니다

变色汽车向我们驶来

字数：610字 / 阅读时间：6分钟 / 答题时间：12分钟

　　购买汽车的时候，极少有人能够像买衣服那样，能在看中两款不同颜色的车后一齐买下。如果腻烦了车子的颜色，想把它换成别样的，也不是件轻松的活儿。精明的车商看准了年轻消费者喜新厌旧的心理，正在加紧研制一种会变色的汽车。专家预言，五年后，人们就能看到一种在公路上快速行驶时车身颜色不断变化的汽车。

　　"变色汽车"的颜色并不是真的在变化，只是从不同角度看上去车身颜色不一样。其核心技术在于新型车漆，使汽车向不同的角度反射不同颜色的光，就可以达到"变色"的效果。目前，欧、美、日的各大汽车制造商都在研制这种油漆，并已取得初步成功。

　　据福特公司设计者说，当你在公路上远远地看到一辆"野马"汽车驶来时，先是紫色的；慢慢靠近时，它会变成红色；从你面前驶过时，它是黑色；走出不远又变成绿色；最后，当它远远离去时，又成了琥珀色。色彩变化变幻不定，给人一种视觉上的享受。遗憾的是，正如漂亮衣服是为了愉悦别人的眼目而穿，变色汽车的这种效果也只有旁观者才看得见，在司机本人眼中，这辆车始终是黑色的。

　　交通管理部门和警方对变色汽车缺乏好感，明确表示不欢迎这种车上市。假如有大批人赶这个时髦，公路上将充满颜色变幻不定的汽车，极易分散驾车者的注意力，影响他们对路况和信号灯的准确判断，造成交通事故。此外，如果变色车在发生交通事故后逃跑，目击者对其颜色的说法将千差万别，这就人为地为破案增加了难度。

（选自《北京晚报》，杨峻文）

새로 나온 단어

腻烦	nìfan	동	싫증나다, 혐오하다
精明	jīngmíng	형	똑똑하다
加紧	jiājǐn	동	더욱 힘내다
研制	yánzhì	동	연구·제작하다
预言	yùyán	동	예언하다
行驶	xíngshǐ	동	(차, 배 따위가) 다니다, 통행하다
角度	jiǎodù	명	각도
核心	héxīn	명	핵심
漆	qī	명	페인트
反射	fǎnshè	동	반사하다
色彩	sècǎi	명	색채

变幻	biànhuàn	동	변환하다
视觉	shìjué	명	시각
愉悦	yúyuè	형	기쁘고 즐겁다
旁观	pángguān	동	방관하다, 곁에서 지켜보다
警方	jǐngfāng	명	경찰
好感	hǎogǎn	명	호감
时髦	shímáo	형	유행하다, 현대적이다
事故	shìgù	명	사고
逃跑	táopǎo	동	도주하다, 도망하다
目击者	mùjīzhě	명	목격자
千差万别	qiān chā wàn bié	성	천차만별
人为	rénwéi	형	인위적이다
破案	pò àn	동	사건을 해결하다, 범인을 잡다
难度	nándù	명	어려운 정도, 난이도

고유명사

福特公司	Fútè Gōngsī		미국 포드자동차회사

1. 款 : 양식이나 종류를 세는 양사로, 주로 서면어에 많이 쓰인다.
   예 两款不同颜色的车 / 五款西式点心

2. 喜新厌旧 : 새것을 좋아하고 옛것을 싫어하다.

3. 琥珀(hǔpò)色 : 호박의 색깔. 호박은 담황색이나 갈색 혹은 홍갈색의 고체.

4 假如：만약.

예 假如有大批人赶这个时髦，公路上将充满颜色变幻不定的汽车。

Lianxi
练习

01 본문을 읽고 다음 물음에 답하시오.

1 变色汽车与一般汽车相比，有何不同？
   A. 一辆变色汽车有不同颜色的车漆
   B. 变色汽车的车漆颜色千变万化
   C. 变色汽车的车漆与众不同
   D. 变色汽车的颜色消费者可自由选择

2 为什么要推出变色汽车？
   A. 有不少人喜欢两款不同颜色的汽车
   B. 不同的人喜欢不同颜色的车
   C. 人们有喜新厌旧的心理
   D. 变色汽车能给人带来视觉上的享受

3 变色汽车的研制情况如何？
   A. 已取得成功   B. 还没有什么进展
   C. 取得了一些成果   D. 马上就要成功了

4 对变色汽车来说，最重要的技术是什么？
   A. 能变色   B. 新型的车漆
   C. 能反光   D. 能快速驾驶

5 当一辆变色汽车在你跟前时，它将是什么颜色？
A. 黑色的　　　　B. 红色的　　　　C. 绿色的　　　　D. 紫色的

6 对变色汽车可能造成的不良后果，不包括下面哪方面？
A. 促使人们赶时髦　　　　　　　B. 增加交通事故的破案难度
C. 影响驾车者的注意力　　　　　D. 造成交通事故

02　밑줄 친 부분의 뜻을 설명하시오.

1 在<u>看中</u>两款不同颜色的车后<u>一齐</u>买下。
»

2 精明的车商看准了年轻消费者<u>喜新厌旧</u>的心理，正在<u>加紧</u>研制一种会变色的汽车。
»

3 <u>其核心技术</u>在于新型车漆，使汽车向不同的角度反射不同颜色的光。
»

4 变色汽车的这种效果也只有<u>旁观者</u>才看得见。
»

5 在司机本人眼中，这辆车<u>始终</u>是黑色的。
»

6 假如有大批人赶这个<u>时髦</u>，公路上将充满<u>颜色变幻不定</u>的汽车
»

7 <u>极易分散驾车者的注意力</u>，影响其对路况和信号灯的准确判断。
»

8 <u>目击者</u>对其颜色的说法将<u>千差万别</u>。
»

网上购物

字数：760字 / 阅读时间：4分钟 / 答题时间：10分钟

1 你听说过网上购物吗?

2 你上过网上购物站点吗?

3 你在网上买过东西吗?

4 如果网上购物比商场购物便宜，你会选择前者吗?

5 如果你还没有电脑，你会请别人帮你在网上购物吗?

本报上周登出以上关于"你如何看待网上购物"的调查表后，得到广大读者的热心支持。调查显示的结果令人鼓舞：绝大多数人都知道网上购物这个新鲜事，但只有少数人真正到网上买过东西。可以说，对于网上购物，人们是既熟悉又陌生。

参与本次调查的人的年龄范围从15岁到62岁，其中35岁以下的青年人占77.6%，是网上消费的主力军。74.1%的被调查者拥有大专以上学历。具体分析如下：

第一，所有被调查者都听说过网上购物，这表明网上购物这一新生事物已在很短的时间内被大多数人所知晓，真正的网上生活将成为一种必然趋势。

第二，很多人上过购物站点，但看客居多，真正买的人不多，第2和第3项提问答"是"的百分比分别是79.3%和13.8%，一方面说明网上购物刚刚兴起，人们尚需一个逐步适应的过程，另一方面也说明目前的网上商店尚有一些不完善之处，诸如商品种类、能否及时送货等等。只要解决好这些问题，网上商店的兴旺应指日可待。

第三，"网上商店价格相对便宜"这一点对于大多数人来讲，有着相当的吸引力，有96.6%的人会因此而到网上购物。因而，这一点对于网上商店的参考价值颇大，物美价廉是最好的招揽顾客的方式。

第四，占74.1%的被调查者有大专以上学历，但也不乏初中、高中学历者。这表明，学历的高低并非是决定性的制约因素，因为总有一天，上网对于中国的老百姓来说，会像骑自行车一样普通。

（选自《北京青年报》，亚马文）

새로 나온 단어

看待	kàndài	동	대우하다, 취급하다
陌生	mòshēng	형	낯설다, 친숙하지 않다
学历	xuélì	명	학력

知晓	zhīxiǎo	동	알다, 이해하다
趋势	qūshì	명	추세, 경향
兴起	xīngqǐ	동	(어떤 경향이) 일어나다, 붐이 일다
完善	wánshàn	형	완벽하다, 나무랄 데가 없다
兴旺	xīngwàng	형	번창하다, 왕성하다
参考	cānkǎo	동	참고하다, 참조하다
招揽	zhāolǎn	동	(손님을) 끌어 모으다
制约	zhìyuē	동	제약하다

Zhushi 注释

1 主力军 : 주력. 중심이 되는 세력.

2 尚 : '아직도'라는 뜻이며 서면어에 주로 쓰인다.
예 为时尚早 / 尚不清楚

3 诸如 : 어떤 예문을 제시하고자 할 때 쓰이며, 열거하는 예문의 앞에 놓여 열거하는 것이 한 개에 그치지 않음을 나타낸다.

4 指日可待 : (일, 희망 등이) 머지않아 실현될 수 있음을 나타낸다.

5 物美价廉 : 물건이 질이 좋고 가격도 싸다.

6 并非 : 결코 ~하지 않다. 결코 ~이 아니다. 부정의 어기가 강하다.
예 学历的高低并非是决定性的制约因素。

Lianxi
练习

01 본문을 읽고 다음 물음에 답하시오.

1 现在网上购物对被调查的人们来说：
   A. 很新鲜　　　　　　　　　　　B. 热心支持
   C. 只有少数人支持　　　　　　　D. 都听说过

2 网上购物的主要对象是：
   A. 15 岁到 62 岁的人　　　　　　B. 有大专学历的人
   C. 初中、高中生　　　　　　　　D. 青年人

3 人们去网上购物站主要是：
   A. 买东西　　B. 看看　　C. 适应一下　　D. 赶时髦

4 目前网上购物可能存在的问题文中没提到：
   A. 东西太贵　　　　　　　　　　B. 送货不及时
   C. 商品种类少　　　　　　　　　D. 人们还不太适应

5 上网买东西的人占被调查者的：
   A. 96.6%　　B. 13.8%　　C. 79.3%　　D. 74.1%

6 网上购物对人们最大的吸引力是：
   A. 商品质量有保证　　　　　　　B. 种类丰富
   C. 东西相对便宜　　　　　　　　D. 送货及时

7 在中国网上购物：
   A. 刚刚兴起　　　　　　　　　　B. 有相当的吸引力
   C. 像骑自行车一样普通　　　　　D. 变得不可缺少

02 보기에서 적당한 단어를 골라 빈칸을 채우시오.

1 本报上周登出以上_____"你如何看待网上购物"的调查表。
   A. 关于 　　　B. 对于 　　　C. 有关于 　　　D. 关系

2 调查显示的结果令人_____：绝大多数人都知道网上购物这个新鲜事。
   A. 鼓励 　　　B. 鼓舞 　　　C. 鼓劲 　　　D. 鼓动

3 参与本次调查的人的年龄范围从15岁到62岁，_____35岁以下的青年人占77。6%。
   A. 其中 　　　B. 里面 　　　C. 这里 　　　D. 其他

4 74.1%的被调查者拥有大专以上学历。具体分析_____……
   A. 下面 　　　B. 是下 　　　C. 如下 　　　D. 在下

5 这_____网上购物这一新生事物已在很短的时间内被大多数人所知晓。
   A. 表明 　　　B. 表示 　　　C. 表白 　　　D. 表现

6 一方面说明网上购物刚刚兴起，人们_____需一个逐步适应的过程。
   A. 很 　　　B. 而且 　　　C. 并且 　　　D. 尚

7 目前的网上商店尚有一些不完善之处，_____商品种类、能否及时送货等等。
   A. 好像 　　　B. 就像 　　　C. 诸如 　　　D. 诸多

8 _____解决好这些问题，网上商店的兴旺应指日可待。
   A. 只有 　　　B. 只是 　　　C. 只要 　　　D. 既然

9 "网上商店价格相对便宜"这一点有着_____的吸引力，有96.6%的人会因此而到网上购物。
   A. 相当 　　　B. 非常 　　　C. 坚强 　　　D. 热烈

10 占 74.1% 的被调查者有大专以上学历，但也_____初中、高中学历者。

A. 不少　　　　B. 不乏　　　　C. 不缺　　　　D. 不仅

11 这表明，学历的高低_____是决定性的制约因素。

A. 并且　　　　B. 难得　　　　C. 并不是　　　　D. 并非

03 위 두 편의 글에 '~者'가 모두 11개가 나온다. 두 편의 글을 빨리 한 번 읽고 이런 어휘들을 찾아 그중 나머지 10개와 다른 하나를 골라라.

您来设计我实现

보충 part
补充部分

"您来设计我实现",这是一些家电企业最近提出的新口号。

一般家电产品都是企业生产什么,消费者选择什么。而"您来设计我实现",即是以消费者为家电设计的主体,每个消费者可通过与企业或销售商的接触和沟通,提出自己对家电产品的要求,包括性能、款式、色彩、大小等等,消费者把这些信息传达给企业,企业的设计人员将及时提取和吸收这些信息,以消费者的主流需求作参考,为消费者生产更具个性化和更具实用性的家电产品。这样的话,消费者实际上是主动参与了企业的设计和生产。这一口号也许能使"消费者永远是第一位的"不再是一句空话。

01 윗글을 읽고 다음 각 문장의 옳고 그름을 판단하시오.

1 21世纪的家电行业可能更注重产品的个性化。(   )

2 "您来设计我实现"的意思是说消费者可以为企业设计产品。(   )

3 只有企业了解消费者的需求,"消费者永远是第一位的"才能成为事实。(   )

쉬어가는 페이지

心地善良的儿子

"妈妈,给我点钱行吗?"

"你要钱干什么用呢?我的孩子。"

"我想把钱送给胡同口那个正在喊叫的穷人。"

母亲为儿子有如此善良的心地而高兴。立即把钱交给了儿子。她问:

"那个穷人在喊叫什么呢?"

"他叫:快来买冰淇淋!"

➡ 마음 착한 아들

"엄마, 저 돈 좀 주세요."
"돈은 어디다 쓰려고 그러니, 아들아?"
"골목 입구에서 외치고 있는 가난한 사람에게 주고 싶어서요."
엄마는 아들이 마음이 착한 것이 기뻐서 즉시 아들에게 돈을 주었다. 엄마가 물었다.
"그 가난한 사람이 뭐라고 외치고 있는데?"
"그 아저씨는 '아이스크림 사세요!'라고 외치고 있어요."

11

정독 part 铛铛车上看香港
땅땅차를 타고 홍콩을 구경하다

속독 part 钟楼和鼓楼
종루와 고루

보충 part 识别方向的标志
방향을 식별하는 표지

铛铛车上看香港

字数：570字 / 阅读时间：6分钟 / 答题时间：15分钟

初到香港，对香港错综复杂的地名和街道，真有点不知所措。有朋友告诉我，你要了解香港，就去乘铛铛车。铛铛车是香港的一种老式有轨电车。这种车行进缓慢，因起动、停站时司机用脚踩动铃铛，发出"铛铛"的声响而得名。此车随乘客方便设站，近的相隔不到百米，远的也仅百余米。后门上车，前门下车，不论远近，每位每次仅一元六毫（角），相当便宜。坐在车上感受窗外的世界，确实也是一种享受。

铛铛车自1904年正式在港岛投入使用，已有近百年的历史，是香港惟一还保留使用的古老交通工具。从岛东北到岛西北的十几公里间，铛铛车带着乘客从港岛繁华的街市中间穿过，与现代都市形成鲜明的对照。由于铛铛车途经众多名胜古迹和繁华街市，成为港岛旅游购物的黄金路线。香港旅游局开发的铛铛车游港岛，就是让外来的观光客乘着铛铛车，了解香港的昨天、今天和明天。太古城居民区的高层居民楼，绿树成阴的维多利亚公园，有"购物天堂"之称的铜锣湾，香港的最高建筑"中环广场"（77层，高374米），金钟街的中银大厦、力宝中心、汇丰银行等大厦，上环狭窄街道上鳞次栉比的中小型商店……有人告诉我，在铜锣湾你可以尝遍世界各地的风味，要买电器最好到上环，等等等等。

见到的，要说的太多了。最后还是借用我朋友的那句话，到了香港要想快捷地了解香港，不妨去坐坐铛铛车。

（据《人民画报》1998年第6期曾湘敏的同名文章改写）

새로 나온 단어

错综	cuòzōng	동	뒤섞다
不知所措	bù zhī suǒ cuò	성	어찌 할 바를 모르다
行进	xíngjìn	동	앞으로 나아가다, 행진하다
缓慢	huǎnmàn	형	완만하다, 느리다
起动	qǐdòng	동	움직이다, 기동하다
铃铛	língdang	명	작은 종
声响	shēngxiǎng	명	소리, 사운드
感受	gǎnshòu	명 동	경험, 느낌, (영향을) 받다
惟一	wéiyī	형	유일하다
街市	jiēshì	명	시내거리
都市	dūshì	명	도시

鲜明	xiānmíng	형	선명하다, 분명하다
对照	duìzhào	동	대조하다, 서로 비교해보다
开发	kāifā	동	개발하다
观光	guānguāng	동	관광하다, 구경하다
大厦	dàshà	명	큰 건물, 빌딩
狭窄	xiázhǎi	형	아주 좁다
鳞次栉比	lín cì zhì bǐ	성	물고기의 비늘과 빗의 빗살 같이 빽빽하다
风味	fēngwèi	명	맛, 어느 지방의 특색
快捷	kuàijié	형	재빠르다, 날쌔다

고유명사

| 铜锣湾 | Tóngluówān | 지명 | 통뤄완 |

{ Zhushi 注释 }

1 有轨电车 : 도시의 교통수단으로 이용되는 구식 전차로 궤도를 따라서 움직인다.

2 交通工具 : 교통수단. 수송을 목적으로 하는 차량과 선박, 비행기 등을 이른다.

3 黄金路线 : '黄金'은 여기서 상당히 귀중하고 좋은 것을 이른다.
예 黄金时间

4 绿树成阴 : 나뭇잎이 무성해서 햇빛을 가릴 수 있는 그늘이 생기다.

5 购物天堂 : 쇼핑천국. '天堂'은 어떤 일을 하기에 적합한 지역이나 장소를 말한다.
예 度假天堂

6 有……之称 : ~라는 칭호를 가지고 있는.

예 香港有"购物天堂"之称。
新加坡有"东方威尼斯"之称。

7 不妨 : 그렇게 해도 좋다.

예 到了香港要想快捷地了解香港，不妨去坐坐铛铛车。

Lianxi
练习

01 본문을 읽고 다음 각 문장의 옳고 그름을 판단하시오.

1 对于香港复杂的地名和街道，人们总是感到不知所措。（　　）

2 铛铛车是了解香港的最快捷的途径。（　　）

3 铛铛车由于在行进中发出"铛铛"的声响而得名。（　　）

4 铛铛车行驶得并不慢，只是站与站之间的距离很短。（　　）

5 铛铛车是香港惟一的古老交通工具。（　　）

6 坐铛铛车旅游购物可以节省许多时间和金钱。（　　）

7 从某种意义上来说，铛铛车是一种旅游观光车。（　　）

8 如果想了解香港的昨天和今天，坐铛铛车不能不说是一种最佳的选择。（　　）

9 铛铛车已有一百多年的历史了。（　　）

02

보기에서 적당한 단어를 골라 빈칸을 채우시오.

1 对香港错综复杂的地名和街道，真有点_____。
   A. 无能为力　　B. 毫无办法　　C. 不知所措　　D. 不知所云

2 这种车行进缓慢，因起动、停站时司机用脚踩动铃铛，发出"铛铛"的声响____得名。
   A. 就　　　　B. 而　　　　C. 后　　　　D. 才

3 ____远近，每位每次仅一元六角，相当便宜。
   A. 不论　　　B. 就是　　　C. 虽然　　　D. 既然

4 坐在车上____窗外的世界，确实也是一种享受。
   A. 感受　　　B. 感到　　　C. 感觉　　　D. 感想

5 铛铛车载着乘客从港岛繁华的街市中间____，与现代都市形成鲜明的对照。
   A. 走过　　　B. 经过　　　C. 穿过　　　D. 过去

6 要想快捷地了解香港，____去坐坐铛铛车。
   A. 不能　　　B. 不必　　　C. 不可　　　D. 不妨

03

주어진 어휘의 의미에 상응하는 어휘를 본문에서 찾아 쓰시오.

1 非常慢

2 不知道怎么办好

3　最好的路线
　　»

4　买东西最好的地方
　　»

5　旧的样式
　　»

6　路上经过
　　»

7　宽度很小
　　»

04　본문에서 땅당차가 지나간 지명과 건축물을 찾아 쓰시오.

钟楼和鼓楼

字数：530字 / 阅读时间：3分钟 / 答题时间：9分钟

在古代作过国都的城市如南京、西安等，鼓楼或钟楼都曾用来向人们报告时间。中国七大古都之一的北京也不例外。

在北京城北部，有两座古老的建筑：一座叫鼓楼，一座叫钟楼。鼓楼是在500多年前修建的。当时，楼上有24面很大的牛皮鼓。管报时的人定时敲响这些更鼓，向全城的百姓报告时间。

钟楼是在200多年前重新修建的，高约33米。钟楼上有一口大铜钟。据了解，这口古钟是目前中国发现的最大的钟，一直作为老北京报时之用。过去，每天晚上7点，管钟的人敲响铜钟，大家就知道已经到晚上了。到了早晨，管钟人也要敲钟，报告一天的开始。这口古钟自1924年起停止使用。

北京的钟楼于12月31日晚敲响古钟200声迎接2000年的到来。

这是钟楼的古钟自1990年重新使用以来首次在元旦敲响。1990年开始，历年的除夕夜敲响古钟，为新春增添喜庆气氛。在接受记者采访时，北京钟鼓楼文物保管所的一位人士介绍说，现在北京的高层建筑比较多，这必然影响到古钟声音的传送，而且钟声还要受到当时风向和周围噪音的影响。但东至交道口，南到平安大街，西到德胜门，北到中轴路，在这个范围之内听到钟声是没有问题的。

새로 나온 단어

例外	lìwài	동	예외로 하다, 예외가 되다
修建	xiūjiàn	동	건설하다, 시공하다
增添	zēngtiān	동	증가시키다, 늘리다
喜庆	xǐqìng	형	경사스럽다
气氛	qìfēn	명	분위기
传送	chuánsòng	동	전송하다, 보내다
噪音	zàoyīn	명	소음, 시끄러운 소리

고유명사

交道口	Jiāodàokǒu	지명	쟈오따오커우
平安大街	Píng'ān Dàjiē	지명	핑안대로
德胜门	Déshèngmén	지명	더성먼

{ 📋 **Zhushi** 注释 }

1 **中国七大古都** : 중국의 7대 고도(古都). 베이징, 시안, 뤄양, 셴양, 카이펑, 난징, 항저우.

2 **更(gēng)鼓** : 예전에 시간을 알릴 때 쓰던 도구. 예전에는 밤을 5개의 '更'으로 나누었으며 각각의 '更'은 대략 2시간이었다. 그때마다 북을 쳐서 시간을 알렸는데 그것을 '打更'이라고 한다.

3 **除夕夜** : 음력으로 따져서 한 해의 가장 마지막날 밤을 이른다.

✏️ **Lianxi**
练习

01 본문을 읽고 다음 각 문장의 옳고 그름을 판단하시오.

1 南京、西安也有钟楼和鼓楼，但与北京不同的是它们是用来报时的。(   )

2 北京城钟楼的出现远远早于鼓楼。(   )

3 鼓楼上有24面牛皮鼓，早上与晚上定时向人们报告时间。(   )

4 钟楼上的大钟是目前世上发现的最大的钟。(   )

5 钟楼上的大铜钟高约33米。(   )

6 钟楼上的古钟已于1924年停止使用。（　　）

7 2000年钟楼上的古钟重新敲响，恢复了使用。（　　）

8 现在除夕之夜钟楼又敲响了古钟向人们报时。（　　）

02 본문을 읽고 다음 물음에 답하시오.

1 中国有几大古都？

2 以前钟楼、鼓楼的主要作用是什么？

3 钟楼停止使用了多长时间？

4 现在什么时候敲钟？

5 现在敲响古钟的主要目的是什么？

6 古钟声音的传递受哪些因素的影响？

识别方向的标志

보충 part
补充部分

时下，野外旅游已经受到许多人的欢迎，但野外旅游若不小心，就很容易迷失方向。遇到这种情况，你千万不能心慌着急，只要你冷静观察一下周围的景物，就会在大自然中找到许多识别方向的标志。

你可以在林中找到一棵树桩，根据它的年轮来识别方向，因为其年轮总是南面的宽而北面的窄。你可以观察一棵独立的树，其南侧的树枝茂盛而北侧的稀疏。

你可以根据蚂蚁洞穴来识别方向，因为蚂蚁的洞口大都是朝南的。

在岩石众多的地方，你也可以找一块较醒目的岩石来观察，岩石上布满青苔的一面是北侧，干燥光秃的一面则是南侧。

如果是在星光灿烂的夜晚，则可以根据星星来识别方向，具体办法是：先找到天上的北斗星，沿着其"勺柄"找到第六与第七颗星，将这两颗星连接成一条直线，并在这条连线的延长线上找到比较明亮的一颗北极星，正好指示着从南到北的方向。

如果是在冬天，则可以观察山沟或者建筑物来确定方向。由于日照的原因，积雪难以融化的部位总是朝向北面的。

（选自《中国青年报》，谢意文）

01
윗글을 읽고 다음 문제에 답하시오.

1 在野外旅游容易遇到什么问题？
   »

2 课文提供了几种在野外识别方向的方法？
   »

3 夜里能看见星星的时候，你如何识别方向？
   »

4 山上、房屋上还有些积雪，你如何利用这一点识别方向？
   »

# 12

정독 part 五一国际劳动节
5월 1일 국제노동절

보충 part 中国各少数民族的服装
중국 각 소수민족의 복식

五一国际劳动节

字数：1820字 / 阅读时间：18分钟 / 答题时间：25分钟

（一）北京市民怎么过"五一"？

过了"五一"，一上班人们最常问的一句话就是："'五一'上哪儿玩儿去了？"这个"五一"北京市民究竟是怎么度过的呢？本报就这个问题进行了一次民意调查。

"五一国际劳动节"既然是劳动者的节日，趁此机会休息一下就成了人们的首选。82%的被访者决定在"五一"放假的这几天里"在家休息"一下。

然而，在家是否就能够休息呢？回答是：不一定！

还有34%的被访者承认，在家还得做家务。有人说："休息其实比上班累，一大堆家务活干也干不完！"实际上这是因为人们平时上班太忙了，下了班又十分疲倦，很多家务活非要等到休息日才有时间和精力来料理。

在干家务活这一点上，女性的负担就重得多，在节假日打算做家务的被访者中四分之三是女性。这些"贤妻良母"和一部分"贤夫良父"一起加入"五一"放假期间仍在劳动不息的"劳动大军"。

另外一部分不能好好在家休息的人们在"五一"还安排了工作和学习。有些工作是越过节越累的，比如服务行业、保安人员等等，他们往往要在人们放假的时间里加班工作，没有他们，大家就不能好好过节。

眼看临近高考和中考，学生们恐怕也不敢放松，假期也得加倍努力，期望在考试中获得好成绩。

对于平时工作太忙的人们来讲，难得有机会可以走走亲戚。52％的被访者安排了"串亲戚"的活动。

许多人趁放假会去看望不在一起居住的老人，前不久，一首号召人们"常回家看看"的歌曲能够走红，恐怕就是引起了人们的共鸣吧。

随着人们生活的改善，旅游已经成为人们节假日休闲的主要选择，对生活在大都市中的人们来说，有机会走进大自然真是太难得了。46％的被访者认为一年中最适合旅游的假期就是"五一"了。

"五一"对北京地区而言正是一年中天气最好的时候之一,不冷不热,正好又是假期,怪不得各个旅游点到了这时候都是人满为患。

在"五一"期间,50%的被访者选择了外出旅游。其中,88%的人或考虑到时间原因或考虑到经济原因,选择到郊外旅游;12%的人则决定好好玩一玩,他们选择去外地旅游。

33%的被访者要用一到两天的时间外出旅游,13%的人要玩上三到四天,玩四天以上的被访者有6%。看来,只用一到两天来旅游的人居多,他们选择的多是到郊外玩,而不是到外地。

过"五一",做买卖的商人们大概也是赶上了忙的时候,不少人的购物欲望在节假日是强的。20%的被访者声称,过"五一",购物活动是必不可少的。在打算购物的人当中,女性占了75%以上。有的媒体曾经教丈夫在陪妻子购物时如何"搞破坏",包括借故溜走不付钱、破坏她的购物兴致和上街不带钱包等等。据说这样可以减慢钱包瘪下去的速度。这些方法,如今不少人或许可以派上用场了。

(二)众说"五一"

苏小姐(学生):觉得结婚的人挺多的。我应该抓紧时间学习。
杨女士(退休):好像过个星期天,和儿女吃顿团圆饭。
张小姐(学生):外面人太多,我在家休息,和朋友、家人玩,听音乐,看书。
杜女士(机关干部):"劳动节"就是回家劳动(家务劳动)。

丁先生（个体劳动者）：我的社会活动特多，工作忙。

赵女士（国有企业职工）：和周末差不多，带孩子出去玩。

李先生（学生）：和平常一样，就是多了几天假，可以出去玩，参加社会活动。

陈女士（国有企业职工）：我们全家出去旅游。

胡先生（国有企业职工）：工作忙。

邹先生（个体劳动者）：希望像小时候一样，陪父母在家。

周先生（国有企业职工）：除了值班就是看望老人。看望老人是有意义的事。

侯先生（退休）：和大伙儿一起谈谈国家大事，领孩子出去玩。

田先生（学生）：帮父母做家务。

刘女士（国有企业职工）：加班。

孙先生（三资企业职工）：出去玩几天。

杨女士（机关干部）：最好组织社会活动，像游园等。

李女士（国有企业职工）：比较轻松，与家人一起交流感情，干干活，去旅游长长见识。

王女士（机关干部）：感觉人很多，车很多，去哪儿都很累。

徐小姐（学生）：在家劳动收拾房子。

李女士（个体劳动者）：休息一下，放松一下身体。与朋友聚一下，交流一下感情。

（摘自《北京青年报》）

새로 나온 단어

权利	quánlì	명	권리
家务	jiāwù	명	집안일
疲倦	píjuàn	형	피곤하다, 나른하다
料理	liàolǐ	동	처리하다, 정리하다
负担	fùdān	명	부담
贤妻良母	xián qī liáng mǔ	명	현모양처
行业	hángyè	명	업무, 직업
保安	bǎo'ān	명	보안
临近	línjìn	동	근접하다
期望	qīwàng	동	기대하다, 희망하다
难得	nándé	형	~하기 어렵다, ~하기 드물다
看望	kànwàng	동	방문하다, 찾아 가보다

居住	jūzhù	동	거주하다
走红	zǒu hóng	동	인기가 있다
共鸣	gòngmíng	명	공감을 불러일으키다
随着	suízhe	개	~함에 따라
休闲	xiūxián	명	레저, 여유
人满为患	rén mǎn wéi huàn	성	사람들로 넘쳐나다
声称	shēngchēng	동	성명하다, 주장하다, 공공연하게 말하다
媒体	méitǐ	명	미디어
借故	jiègù	동	핑계를 대다, 구실을 찾다
溜走	liūzǒu	동	슬그머니 달아나다
兴致	xìngzhì	명	흥미, 관심
瘪	biě	형	오그라들다, 납작해지다
团圆	tuányuán	동	(가족, 친척 등이) 모이다
值班	zhí bān	동	당직을 맡다
见识	jiànshi	명	경험, 견문

Zhushi 注释

1. **五一** : 5월 1일 국제노동절의 줄임말.

2. **民意调查** : 여론조사. 어떤 분야나 상황에 대해서 국민들의 의견과 희망사항을 알아보기 위해서 실시하는 조사.

3. **趁** : (시간, 기회 등을) 이용하다.
   예 趁此机会 / 趁这个空闲

4 一大堆 : 수량이 많은 것을 의미한다.
예 一大堆家务活 / 一大堆麻烦事

5 非要……才 : '非'는 종종 '才'와 함께 쓰여 '반드시 어떤 조건을 갖추어야만 비로소 어떻게 할 수 있다'는 뜻을 나타낸다.
예 很多家务活非要等到休息日才有时间和精力来料理。

6 节假日 : 명절과 휴일을 합쳐서 부르는 말.

7 必不可少 : 절대적으로 없어서는 안 된다.

8 派上用场 : 적용할 수 있는, 사용할 수 있는 기회가 있다.

9 个体劳动者 : 개인사업을 하는 사람.

10 国有企业 : 국가소유의 기업.

Lianxi
练习

01 본문을 읽고 다음 물음에 답하시오.

1 本次调查中，对节日期间的活动人们选择最多的是:
   A. 外出旅行　　　　　　　B. 在家休息
   C. 做家务　　　　　　　　D. 购物

2 在节日里不能好好休息的人群不包括:
   A. 家庭主妇　　　　　　　B. 面临升学考试的学生
   C. 服务行业的人　　　　　D. 陪妻子购物的丈夫

3 "五一"期间外出旅游的不足之处是:
   A. 假期太短　　　　　　　　B. 天气不冷也不热
   C. 旅游景点人太多　　　　　D. 不是一年中最好的季节

4 在"五一"期间,有不少人打算购物,其中男士占:
   A. 20%　　　B. 75%　　　C. 25%　　　D. 15%

02 본문의 내용에 근거하여 다음 물음에 답하시오.

1 这是一次关于什么的调查?
   »

2 为什么对某些人来说放假比上班还累?
   »

3 在节日里哪些人不能好好休息?
   »

4 "五一"节期间人们从事的活动都有哪些?
   »

5 在外出旅游中人们选择最多的是去哪儿?
   »

03 본문을 읽고 빈칸을 채우시오.

1 这个"五一"北京市民究竟是怎么_____的呢?本报_____这个问题进行了一次民意调查。

2 "五一国际劳动节"既然是劳动者的节日,_____此机会休息一下就人们的首选。

3 因为人们平时上班太忙了，下了班＿＿＿＿＿＿＿十分疲倦，很多家务活非要等到休息日＿＿＿＿＿＿＿有时间和精力来料理。

4 在干家务活这一点上，女同志的＿＿＿＿＿＿＿就重得多。

5 有些工作是越过节越累的，＿＿＿＿＿＿＿服务行业、保安人员等等。

6 眼看＿＿＿＿＿＿＿高考和中考，学生们恐怕也不敢放松，假期也得加倍努力。

7 ＿＿＿＿＿＿＿平时工作太忙的人们来讲，＿＿＿＿＿＿＿有机会可以走走亲戚。

8 前不久，一首号召人们"常回家看看"的歌曲能够走红，恐怕就是引起了人们的＿＿＿＿＿＿＿吧。

9 ＿＿＿＿＿＿＿人们生活的改善，旅游已经＿＿＿＿＿＿＿人们节假日休闲的主要选择。

10 46%的被访者认为一年中最＿＿＿＿＿＿＿旅游的假期＿＿＿＿＿＿＿"五一"了。

11 看来，只用两天来旅游的人居多，他们选择的多是到郊外玩，＿＿＿＿＿＿＿不是到外地。

04 밑줄 친 부분의 뜻을 설명하시오.

1 "五一国际劳动节"既然是劳动者的节日，<u>趁此机会</u>休息一下就成了人们的<u>首选</u>。

2 休息其实比上班累，<u>一大堆</u>家务活干也干不完！

3 这些"贤妻良母"和一部分"贤夫良父"一起加入"五一"放假期间仍在劳动不息的"劳动大军"。
   »

4 眼看临近高考和中考,学生们恐怕也不敢放松。
   »

5 52%的被访者安排了"串亲戚"的活动。
   »

6 "五一"对北京地区而言正是一年中天气最好的时候之一……怪不得各个旅游点到了这时候都是人满为患。
   »

05 노동절 기간에 상당수의 사람이 그냥 집에 있는 것을 선택했다. '众说五一'에서 이런 의견을 찾아 쓰시오.

中国各少数民族的服装

补充部分

一、中国的少数民族除了有自己独特的传统节日以外，由于各民族生活的地区不同，风俗习惯各异，在服装上也有明显的区别。比如，生活在东北兴安岭大森林里的鄂伦春族以打猎为生，他们喜欢用兽皮缝制衣裤靴帽；生活在草原上的蒙古族，经常骑马游牧，所以穿宽大的羊皮蒙古袍，腰间还缠上宽宽的腰带，这样上下马就非常方便。西藏高原昼夜温差大，藏族的袍子可以只穿左边的袖子，天热了，也可以把两只袖子都脱下来，缠在腰部。生活在中国西南地区的苗族、彝族、瑶族、傣族妇女，或是穿长裙，或是穿短裙，这和那里的气候比较温暖有着很大的关系。另外，维吾尔族不分男女，都爱戴漂亮的小花帽，而回民爱戴白色或黑色的小圆帽。

二、将每间教室都联上因特网，已成为许多发达国家面向未来的教育选择。开设信息技术课程，对于我国城市和经济较发达地区来说比较容易，但对于边远山区，尤其是贫困地区，则存在许多具体的困难。当我们给自己的电脑不断升级，深感生活中不能没有电脑的时候，或许不会想到：在一些贫困地区，对多数孩子来说，电脑还只是一个遥远的梦想。

贫困地区的师生们对电脑的期盼心情是不难想见的，但是靠他们自身的力量改变现状又相当困难。这就需要我们像关注"希望工程"那样，像关注自己的孩子那样，关注贫困地区孩子的信息技术教育。为此，我们向社会各界发出倡议：伸出我们的援助之手，捐出闲置的电脑和可以使用的旧电脑，帮助贫困地区中小学建立电脑教室。

01 윗글을 읽고 물음에 답하시오.

1 第一段课文主要介绍中国少数民族独特的传统节日。(　　)

2 少数民族的服装的样式有时与天气有关。(　　)

3 第二段课文对援助贫困地区的教育事业提出了倡议。(　　)

4 开设信息技术课程，在我国贫困地区难以靠自身的力量加以实现。(　　)

5 这项倡议要求人们向贫困地区捐助钱财和电脑。(　　)

부록

1. 본문해석

2. 연습문제 정답

3. 찾아보기

본문해석

01 ▶ 정독본문
어느 지역의 돈이 가장 가치가 있을까?

상하이에선 100위안 주어야 살 수 있는 물건을, 베이징에서는 단지 84.1위안이면 살 수 있고, 광저우에서는 119.5위안이 든다고 한다. 이는 상하이시 경제·사회 조사팀에서 전국 9개 도시에 대해 실제 소비자가격을 조사·비교해 얻은 결과이다.

통계에 따르면, 광저우가 9개 도시 중 물가가 가장 비싼 도시로, 화폐구매력이 다른 도시보다 현저하게 낮다. 광저우에서 100위안으로 살 수 있는 물건을 상하이에서는 84위안, 하얼빈에서는 64위안이면 살 수 있다. 상하이는 광저우 다음으로 물가가 비싼 도시이다. 상하이에서 100위안으로 살 수 있는 물건을 하얼빈에서는 76위안이면 살 수 있다.

베이징, 톈진, 우한, 청두, 시안은 물가수준이 중위권에 속하는 도시들이다. 이들 지역에서는 70~75위안이면 광저우에서 100위안 정도하는 물건을 구입할 수 있으며, 84~90위안이면 상하이에서 100위안 정도하는 물건을 구입할 수 있다. 물가수준이 가장 낮은 도시는 선양과 하얼빈으로, 이 지역의 화폐구매력은 다른 7개의 도시보다 현저하게 높다. 선양에서 100위안이면 살 수 있는 물건을 광저우에서는 148위안을 줘야 하고, 상하이에서는 124위안을 줘야 한다. 하얼빈에서 100위안에 상당하는 물건이, 광저우에서는 157위안, 상하이에서는 131위안이 필요하다.

각 도시의 물가수준이 다르기 때문에 각 도시 주민들의 실제수입도 화폐수입과 동등하게 볼 수 없다. 베이징의 물가는 상대적으로 낮은 편이어서 베이징 시민의 실제수입은 9개 도시 중 가장 많다. 마찬가지로 광저우는 물가수준이 비교적 높은 편이어서 상하이 시민과 광저우 시민 간의 실제 소득격차는 10%도 안 되며, 사람들이 생각하는 것처럼 20% 이상 차이나는 것은 아니다.

01 ▶ 속독본문
베이징 박물관

베이징에 박물관이 점점 많아지고 있다. 신중국 건국 당시, 베이징에 시민들이 관람할 수 있는 박물관은 2개뿐이었다. 그러나 지금 베이징은 이미 100여 개의 각종 박물관에 226만 점에 달하는 문물과 예술품을 소장하고 있다. 80년대에 베이징에는 매년 3, 4개의 박물관이 새로 건립되었으며, 90년대에 들어서는 매년 6, 7개의 박물관이 세상에 선을 보이게 되었다.

사회에서 투자한 박물관이 점점 많아졌고, 일부 대기업, 사회단체, 수장애호가들도 이러한 박물관 설립 대열에 뛰어들었다. 이미 10여 명의 시민이 박물관 설립을 신청한 상태이며, 그중 6개의 박물관은 이미 설립인가를 받았다. 개인이 설립하는 박물관은 국내에서는 처음이다.

베이징에 현존하는 박물관만 보자면, 대형 박물관은 적어지고 중·소형의 박물관이 많아졌다. 또한 종합적인 박물관은 적어지고 전문성을 띠는(예를 들면 고종박물관) 박물관이 많아졌다. 베이징시 문물국의 소개에 따르면 현재 베이징 내의 박물관들은 건국 초기의 단순한 역사박물관 형태에서 점차 자연과학, 종교민족, 민속풍습, 예술문화 등 각종 전문테마를 가진 10여 종의 다양한 박물관으로 확대·발전하고 있다고 한다. 시민들의 생활과 밀접한 관계가 있는 박물관 또한 많아지고 있다. 많은 박물관들이 일반 관람객들에게 전시품을 직접 만질 수 있게 하거나 현장에서 직접 실험을 할 수 있도록 함으로써 청소년 관람객들의 낙원이 되고 있다. 일부 오래된 박물관들도 관람객을 위한 서비스시설을 증설함으로써 보다 인정미 넘치는 곳이 되었다.

01 ▶ 보충본문
1부터 92까지 세기

매번 수면제를 먹은 후에도 여전히 잠을 잘 수가 없을 때 나는 조용히 숫자를 셌다. 1부터 숫자를 세기 시작해 천천히 꿈속으로 빠져드는 것이다. 이 방법은 처음에는 상당히 효과가 있었으나 나중에는 소용없었다. 난 곧잘 숫자와 내 나이를 연관시켰다. 예를 들면 숫자 4와 5를 셀 때면 상하이에서 할아버지와 함께 했던 즐거운 일들이 생각났고, 7과 8을 셀 때면 옌타이의 해변에서 뛰어 놀던 유쾌한 일들을 떠올리게 되었다. 숫자를 계속 세어나가자 마음이 오히려 점점 복잡해지기 시작했다. 92년이 지나고 보름만 더 지나면 93세가 된다. 난 여러 가지 일을 겪었고 아무런 번뇌 없이 언제든지 떠나갈 수 있는 사람이 되었다.

02 ▶ 정독본문
한 명이라도 줄어서는 안 된다 (영화 스토리)

수이취엔촌은 매우 가난하고 낙후된 곳이다. 교실은 오래되어 낡았고, 수업의 시작과 끝을 알리는 종조차 없어 햇빛의 움직임에 따라 시간을 판단할 수밖에 없었다. 햇빛이 교실 가운데 나무기둥 위의 못을 비출 때면 아이들은 수업을 마칠 시각이 되었음을 알았다.

수이취엔촌 초등학교의 高 선생님이 병든 노모를 돌보기 위해 고향으로 돌아가려고 하자, 촌장은 이웃마을에서 초등학교밖에 안 나온 魏敏芝를 데려다가 高 선생님 대신 한 달간 수업을 하게 하였다. 高 선생님은 魏敏芝가 열세네 살밖에 안 돼 보여 싫다고 했지만, 촌장은 이런 사람을 데려오는 것조차 쉽지 않은 일이라며 우선은 그녀를 임시방편으로 한 달이라도 쓰자고 했다.

수이취엔촌 초등학교에는 본래 34명의 학생이 있었는데, 매년 집이 가난하여 학교를 떠나는 학생들이 있어서 지금은 28명만 남아 있었다. 高 선생님은 떠나기 전에 여러 차례 魏敏芝에게 학생들을 꼭 잘 지켜서 한 명이라도 줄지 않도록 당부했다.

열 살인 张慧科는 매우 짖궂어서 자기보다 나이가 얼마 많지 않은 魏敏芝를 선생님으로 인정하지 않았다. 하지만 촌장의 강압에 못 이겨 달갑지 않지만 '魏 선생님'이라고 불렀다. 그는 집에 빚이 있어 할 수 없이 도시로 가서 일을 하게 되었는데, 열차역에서 고향 친구와 함께 행방불명되었다. 魏敏芝는 高 선생님이 떠나시기 전에 당부한 말을 되새기며 张慧科를 찾아올 것을 결심했다. 그녀는 홀로 도시로 나가서 많은 사람들 속에서 그를 찾기 시작했다. 천신만고 끝에 결국 좋은 사람을 만났고, TV 방송국 직원의 열성적인 도움으로 TV에 출연하게 되어 어디에 있는지도 모르는 张慧科를 향해 소리를 질렀다. "张慧科, 너 어디 있니? 내가 너 때문에 걱정돼 죽겠다. 나랑 같이 돌아가자······." 거리를 유랑하던 张慧科가 그 방송을 보았고, 그는 참지 못하고 눈물을 흘렸······ 이 이야기의 대단원이 사람들을 기쁘게 만들었으며, 사회의 많은 좋은 사람들이 그들에게 원조의 손길을 내밀어 张慧科는 교실로 돌아올 수 있었다. 촌장은 사람들의 기부금으로 새 학교를 지었다.

02 ▶ 속독본문
산골에서 온 어린 연기자

어제, 张艺谋와 함께 15개의 도시를 순회하면서 '한 명이라도 줄어서는 안 된다'의 시사회에 참석한 후, 영화의 주인공인 魏敏芝와 张慧科는 베이징놀이공원에서 하루 종일 신나게 놀았다. 영화 관계자의 말에 의하면 허베이의 가난한 산골에서 온 두 중학생은 놀이공원의 모든 놀이기구를 타보았는데, 특히 '급물살 타기'는 4번이나 탔다고 한다.

魏敏芝와 张慧科는 기자들에게 이구동성으로 "오늘이 제일 신났어요."라고 말했다. 이번에 각지를 돌아다니면서 받은 인상에 대한 얘기가 나오자, 魏敏芝는 다녀본 15개 도시들이 무척 인상 깊었다고 했다. "전 예전에는 중국이 이렇게 큰지 몰랐는데, 이번에 나와 보고서야 참 좋은 도시가 많다는 것을 알았어요. 예를 들면 항저우는 서호가 너무 아름다워서 배에서 구경하는 것만으로는 부족했어요. 상하이는 건물들이 매우 아름다웠고, 베이징동물원이 동물이 가장 많았어요. 시안의 간식이 제일 맛있었고요······."라고 말했다. 魏敏芝는 기자들에게 돌아가 열심히 공부해서 어른이 되면 나라를 위해 많은 일을 하겠다고 말했다.

영화 관계자의 말에 의하면 두 아이 중 한 명은 돌아다니는 것을 좋아하고, 한 명은 조용히 있는 것을 좋아한다고 한다. 张慧科는 자동차에 대해 유달리 관심이 많고, 호텔 방안의 전자제품을 건드리길 좋아했다. 반면에 魏敏芝는 촬영이 끝나고 영화를 감상하는 습관이 생겼으며, 일기를 쓰고, 작문을 하는 습관도 들였다. 그녀는 아주 열심히 어휘를 골라 자신이 보고 들었던 것들을 세심하게 기록하였다.

魏敏芝는 기자에게 자신이 반에서 작문 성적이 줄곧 좋았는데, 촬영이 끝난 후에 자신의 시야가 넓어져 작문의 내용에도 큰 변화가 생겼다고 했다. 魏敏芝는 "학교로 돌아온 후에 선생님과 친구들 간의 교류는 예전과 같이 변함이 없어요. 촬영 때문에 수업을 못 들어서 성적이 다소 떨어졌지만 지금은 많이 따라 잡았어요."라고 말했다.

이번 15개의 대도시를 순회할 때 많은 관중들은 魏敏芝와 张慧科를 만나면 모두 무척 친절하게 대해주었고, 어떤 사람은 책과 같은 학용품을 선물하며 두 아이가 성실하게 공부하기를 바랬다.

"영화 관계자들과 张艺谋 아저씨가 저에게 이런 기회를 주신 데 대해 감사드립니다. 저희들의 영화를 봐주신 여러 아저씨와 아주머니들께도 감사드립니다." 대도시를 돌며 홍보하면서 많은 꽃다발과 박수소리 속에서 魏敏芝는 진심어린 말들을 전했다.

영화 관계자는 魏敏芝가 많이 성장해 정말 괄목상대하게 되었다고 말했다.

02 ▶ 보충본문
함께 희망사업을 이루어내다

사회에서 기부금을 모아 빈곤 지역의 교육을 받지 못하는 아동들을 도와주는 '희망사업'은 1989년에 시작됐다. 10년 동안 모두 1000만여 명의 사람들이 돈과 물건을 기부해, 교육을 받지 못하던 165만 명의 아이들이 혜택을 받았다.

자신을 공부할 수 있도록 해준, 멀리 살고 있는 아저씨께 보답할 만한 것이 없던 한 소년은 그 아저씨께 고구마를 몇 개 보내려고 40리나 되는 산길을 걸어갔으나, 우체국에서 부쳐주지 않았다. 나중에 그 소년은 한 가지 방법을 생각해냈다. 집에 5송이의 해바라기를 심고는 물을 주고 잡초를 제거하고 벌레도 잡고 매일 한 번씩 보면서 기다리고 또 기다려 드디어 수확을 하게 되었다. 이번에는 우체국 아주머니가 이런 상황을 알고 우편료를 받지 않았다. 그 아저씨는 편지와 함께 해바라기씨를 받자 감격해서 뜨거운 눈물을 흘렸다. 그는 답장에서 "네가 열심히 공부하기만 하면 고등학교, 대학교까지 계속해서 공부할 수 있도록 도와주겠다…… 네가 바로 아저씨의 '희망사업'이란다."라고 했다.

본문
해석

03 ▶ 정독본문
베이징의 젊은이들은 일요일을 어떻게 보내는가?

일요일, 당신은 보통 어떤 계획을 세우는가? 5월 25일 일요일, 베이징링덴리서치회사의 직원들이 16세에서 35세 이르는 607명의 젊은이들을 찾아가 그들이 일요일을 어떻게 보내는지 살펴보았다.

조사 결과, 70% 이상이 일요일에 TV를 시청하거나 책을 보거나 신문을 읽는 것으로 시간을 보내고 있었다. 40~69%는 목욕, 쇼핑, 라디오 청취, 음주를 하면서 지냈다. 10~39%가 특별한 활동을 했는데, 일찍 일어나기, 밤늦도록 안 자기, 주말 출근, 회사에서 컴퓨터 사용, 체력 단련, 이성친구와의 약속, 여행, 외식, 건강식품 복용이 있었다. 10% 이하의 젊은이들이 국제전화, FAX 송수신, 마작, 집에서 컴퓨터 사용, 식구들과 화내면서 싸우는 것으로 일요일을 보낸다고 했는데, 이런 것들은 드문 것에 속한다.

조사표에 따르면 29.4%의 젊은이들이 아침 6시 이전에 일어나는데, 20세 이하의 젊은이들(학생들)은 기상 후 주로 운동을 하고, 21세 이상은 주로 밥을 짓고 라디오를 청취한다. 36.6%의 청년들이 밤 12시 이후에야 잠을 자는데, 23~35세의 연령층을 중심으로 한 사람들이 잠을 자지 않고 하는 주요 활동으로는 친구들과의 모임, 마작, TV 시청이 있다. 6.7%는 일요일에 마작을 하는데 그중 25세 이상이 다수를 차지했다.

26~27세 이하의 신세대들은 전통적인 시민생활관념을 깨뜨리고 있는데, 그들의 행동양식은 지식이 풍부하고, 경제력이 있고, 일의 효율을 중시하며 외국어에 능통하고, 무엇을 배우든지 빠르게 익히고, 감히 무엇인가 해보려는 도전정신을 가지고 있는 특징이 있다. 또한 중년이나 노년층 사람들이 곱지 않게 보는 면도 있는데, 예를 들면 자유분방한 습관, 연애방식, 야간생활, 신조어, 유행과 브랜드 추구, 잦은 직장 이동 등이다. 그런데 이러한 화이트칼라 계층과 중·고생들이 소비문화의 흐름을 형성하는 데 주도적인 역할을 하고 있다고 연구원은 보고 있다.

03 ▶ 속독본문
우리는 무엇이 부족한가?

우리는 무엇이 부족한가? 대답은 부족한 것이 너무 많다는 것이다.

첫째, 교육이 부족하다. 우리는 교육의 혜택을 받는 사람들이 매년 점차 증가하고 있는 것을 볼 수 있지만, 중국은 인구가 너무 많아 그런 백분율 수치는 중국의 십 몇억에 이르는 인구에게는 턱없이 적은 것이다.

둘째, 이상이 부족하다. 중국인들은 너무 오랜 기간 고통의 날들을 보냈다. 조금 풍족해지자 중국인들은 아무 생각 없이 너무나 쉽게 만족했다. 현대인들은 단지 바로 앞의 한 걸음만을 내다볼 뿐 열 걸음, 백 걸음 앞의 이상을 가지고 있지 못하다. 내가 50년대는 경험해보지 못했지만, 80년대에는 많은 사람들이 마음속에 민족과 국가의 운명에 대한 것을 품고 있었음을 알고 있다. 이것은 아주 커다란 이상이다. 현재 우리가 지니고 있는 이상의 상당부분은 개인적인 목적에서 나온 것으로, 그를 위해 노력하고 자신을 바치지만, 그에 상응하는 더 많은 보답을 요구하고 있다.

셋째, 현대적 의식이 부족하다. 몇천 년을 지나온 역사는 그 나름의 완벽한 체계를 이루었고, 우리는 이런 체계 속에서 사는 것에 아주 만족하고 있다. 우리는 지금까지 '어떻게 보다 현대적인 의식을 수립할 것인가? 어떻게 현대화된 세계를 직시할 것인가?'라는 문제를 제대로 해결하지 못했다.

넷째, 자신을 부정하는 용기가 결여되어 있다. 우리는 너무나 쉽게 만족해 현재의 상황을 타파하고 더 나은 그 무엇을 추구할 필요를 못 느낀다.

03 ▶ 보충본문
건강의 비결

[1] 나는 첫째, 우리에게 맑고 깨끗한 환경이 부족하다고 생각한다. 우리가 생활하고 있는 도시는 소음이 심하고, 그 소음은 우리의 심신건강에도 상당한 영향을 끼치고 있다. 둘째, 심리적 안정이 부족하다. 도시생활은 생활리듬이 더욱 빨라지면서 경쟁도 갈수록 치열해지고, 일에 대한 스트레스도 점점 커지고 있다. 비록 수입은 계속 증가하고 있지만 사람들은 살기 힘들다고 생각한다.

[2] 건강 중시는 일종의 생명 존중이며 책임감의 표현입니다. 어떤 이는 건강의 비결이 '三心二意'에 있다고 하죠. '三心二意'는 성어로 마음속에 여러 가지 생각들이 꽉 차 있어서 일을 할 때 쉽게 결정을 내리지 못한다는 뜻입니다. 그러나 여기에서는 성어의 본래 의미가 아닙니다. 여기서의 '三心'은 자신감, 넓은 마음, 착한 마음을 의미하고, '二意'는 자연스럽게 따르는 마음가짐과 흡족한 마음가짐을 말합니다. 만약 이 '三心二意'를 제대로 할 수만 있다면 건강해지는 것은 어려운 일이 아닙니다. 사람들이 건강을 추구하면서 잘못 알고 있는 것들이 종종 있습니다. 예를 들면 어떤 이는 뚱뚱해질까봐 지방만 생각해도 끔직해합니다. 어떤 사람은 통조림 식품을 먹지 않는데, 통조림 안에 방부제가 많이 들어 있다고 생각하기 때문입니다. 사실일까요? 꼭 아셔야 합니다. 오늘 '생활상식초점'을 시청해주십시오. 밤 8시 5분, 베이징TV방송국 생활채널에서 방송됩니다.

04 ▶ 정독본문
노숙하던 남자아이가 집을 찾다

　베이징 시내를 한 달 가량 돌아다니던 남자아이 小兵이 지난달 말에 드디어 멀리 허난의 집으로 돌아갔다.

　'저녁뉴스'에 줄곧 방송되었던 화제의 인물이자, 거리를 헤매고 다녀 베이징시를 떠들썩하게 만들고, 많은 선량한 사람들의 관심을 끌었던 장난기 많은 꼬마는 10월 28일 허난성에서 베이징으로 좇아온 아버지를 따라 귀가길에 올랐다.

　그날, 단정하고 예쁘게 차려입고 펄쩍펄쩍 뛰는 아들을 보고, 아들을 찾기 위해 대부분의 재산을 팔아 4만여 위안이나 날렸던 小兵의 아버지는 코끝이 찡해지면서 자신의 눈을 믿을 수가 없었다.

　"애야!" "아빠"하면서 부자가 서로를 알아보게 됨에 따라 '저녁뉴스'에서 5차례나 방영되었던 뉴스에 드디어 마침표를 찍게 되었다. 깊어가는 가을, 베이징에서 일어난 감동적인 이야기는 결국 잘 마무리 되었다.

　알려진 바에 의하면 '저녁뉴스'의 한 기자가 따뜻한 마음을 가진 두 사람의 제보에 따라 처음 현장취재에 나섰을 때, 신원을 알 수 없었던 이 어린 소년은 이미 한 달 이상 거리를 배회한 상태였다. 늦가을 밤, 날씨가 이미 아주 쌀쌀한데 종이상자 속에서 웅크리고 거리에서 잠을 자는 이 소년을 보던 세 기자는 마음이 너무 아파 빨리 이 소년에게 집을 찾아주기로 결심했다.

　'이 아이를 집으로 돌려보냅시다'라는 제목으로 10월 21일 '저녁뉴스'에서 먼저 소년의 친지뿐만 아니라 사회에도 호소했다. 그날 이후 그들은 매일 소년에 관한 소식을 전했고, 이 소년에게 집을 찾아주자는 소식은 곧 온 시내로 퍼져 나갔다. '저녁뉴스' 기자의 노력으로 그 다음 날 小兵은 길거리 생활을 그만두고 파출소에 임시 거처를 얻었다. 마음씨 좋은 많은 사람들이 물어 물어서 아이에게 음식과 옷가지를 보내왔으며, 베이징과 외지 사람들이 입양문제에 대해 상담을 청해오기도 했다.

　이제 부자가 서로 상봉하게 되어 '저녁뉴스'의 기자와 많은 선량한 사람들이 모두 한시름 놓게 되었다. 소년의 아버지의 말에 의하면 小兵이 성적 때문에 어머니에게 혼나고 9월 6일에 가출을 했다고 한다. 아들을 찾기 위해서 집은 이미 가산을 탕진한 상태라고 했다.

　10월 28일, 小兵의 아버지는 복잡한 심정으로 시싼환에 가서 아들이 잠자던 곳을 둘러보았으며, 아들에게 많은 도움을 준 마음씨 좋은 사람들을 찾아뵙고 길을 가는 내내 계속해서 감사의 마음을 전했다.

　오후에, 부자는 시외버스에 몸을 싣고서 잊지 못할 이 도시에 작별을 고했다.

04 ▶ 속독본문
아이 노릇도 쉽지 않아

어른들은 항상 아이들이 아무 걱정없다고 부러워한다. 에휴! 사실은 아이 노릇도 쉽지 않다. 아이들은 어른들의 마음속에 영원히 아이고, 영원히 자라지 않는다. 어른들은 자신들이 하고 싶은 것을 마음대로 할 수 있고, 잘못을 해도 아이들이 그것에 대해 어른들에게 뭐라 할 수도 없다. 그런데 만약 어른들의 잘못에 대해 뭐라 한다면, 말을 잘 듣지 않는다거나 어른에게 예의가 없다는 등의 말을 할 것이다. 만약 어린아이가 잘못을 했다면 상황은 다를 것이다. 아이들은 사사건건 어른들의 참견을 받다보니 자신이 좋아하는 것을 할 수도 없다. 게다가 만약 잘못을 했다가는 정말 큰일난다. 어른들은 혼내기도 하고, 훈계도 하면서 끝임없이 잔소리를 한다. 에이! 누가 우리를 어린아이가 되게 했지?

아이들은 어른들의 마음속에 영원히 철부지고, 어른들은 우리를 짹짹거리는 참새로 여긴다. 어른들이 말씀을 나누실 때 아이들은 그 대화에 끼어들면 안 된다. 단 한 마디라도 끼어들라치면 어른들은 곧 "저리 가, 저리 가, 저리 가라, 어린애가 뭘 안다고! 저쪽으로 가서 혼자 놀아."라고 말한다. 에이! 정말 어쩔 수가 없다. 그러나 어른들은 영원히 알 수 없을 것이다. 아이들도 때로는 어른들이 알지 못하는 것들을 알고 있다는 것을! 매일 선생님이 내주신 숙제를 해야 하고 또 엄마 아빠가 내주신 과제를 해야 한다. 매일 엄마 아빠는 우리에게 점수 점수 하시는데, 마치 우리가 부모님의 자식이 아니라 점수가 자식인 것 같다. 만약 시험점수를 잘 받지 못하면 마치 무슨 큰 잘못을 저지른 것처럼 부모님에게 꾸지람과 냉대, 심지어는 구타와 욕설까지도 당할 준비를 해야 한다.

아이들은 마음속에 하고 싶은 말이 있는데도 단지 솔직하고 대담하게 부모에게 말할 수 없는 것뿐이다. 왜냐하면 만일 말을 잘못했다가 부모님의 안색이 안 좋아지면 어떤 폭풍우가 몰아칠지 몰라서다!

아이로 살려면 이렇게 힘들어야만 하는 건가? 에휴! 아이 노릇도 정말 쉽지 않다.

04 ▶ 보충본문
유머 세 마당

[1] 4살짜리 우리 아들, 어떤 군것질거리에도 관심이 없고 오로지 다양한 장난감만 좋아한다. 어린이날에 전동자동차 장난감을 사다주었더니 아들이 매우 기뻐했다. 잠시 후, 고마움을 표하고 싶었는지 아들이 아주 엄숙하고 진지한 표정으로 나에게 말했다. "아빠, 아빠가 정말 좋아요. 제가 아빠만큼 커도 아빠라고 부를게요!"

[2] 한번은 옆집에 손님이 오셔서 노래를 부르려고 우리집 VCD판(盤)을 빌리러 왔다. 할아

버지가 나가서 문을 열어주셨는데 판을 빌리러 왔다고 하자 곧 주방으로 가서 접시 몇 개를 가지고 나와 말했다. "만약 모자라면 또 가져가. 오늘 우리는 국수를 먹기 때문에 접시(盘)는 안 쓰고 사발을 쓸테니까."

[3] 선생님이 학생에게 '难过(난감하다)'라는 단어를 가지고 문장을 만들라고 했다. 한 학생이 일어나더니 이렇게 말했다. "学校门前的马路很难过。(학교 앞의 길은 건너기 힘들다.)"

05 ▶ 정독본문
올 겨울은 추워질 것이다

일반적으로 우리는 베이징의 날씨를 이렇게 묘사한다. 4월 초에 봄이 시작되고, 6월 초에 여름이 시작되며 9월엔 가을 바람이 시원하게 불어오고, 10월 말이 되면 가을이 가고 겨울이 온다. 봄에는 날씨가 따스하고 바람이 많이 불며, 여름에는 덥고 비가 많이 내린다. 가을에는 선선해서 기분이 좋고 겨울에는 춥고 건조하다. 연평균 강수량은 644mm이다.

올 겨울은 예년과 사뭇 다르다. 11월 8일이 입동이었는데, 겨울을 알리는 첫날 베이징에는 겨울의 기미가 전혀 보이지 않았다. 태양이 따스하게 사람들 머리 위로 내리쬐고 기온이 16℃까지 올라가 마치 꽃 피는 봄날 같았다. 사람들은 "올 겨울도 설마 또 따뜻할 것인가?"라고 묻지 않을 수 없었다. 기자들이 베이징 기상센터 단기기후예측실에서 얻은 정보에 의하면 올 겨울 평균기온은 작년 겨울보다 현저하게 낮아, 아마도 평년수준이거나 비슷할 것이라고 했다.

따뜻한 겨울이라는 것은 겨울 평균기온이 평년기온에 비해서 0.5℃가 높거나 그 이상일 경우를 말하는 일종의 기후현상이다. 1986년 이래로 베이징에는 13차례 따뜻한 겨울이 있었고, 작년 12월에서 올해 2월까지는 평균기온이 평년보다 2.8℃ 정도 높아 20세기에서 가장 따뜻한 겨울이었다.

올 겨울 날씨에 대해 그 기상센터 관계자는 어떤 규칙 없는 기상변화는 장기적인 기후예측을 매우 힘들게 하고 있지만, 이미 나타났던 현상들을 보면 따뜻한 겨울이 무한정 지속되지는 않을 것이라고 말했다. 왜냐하면 온도가 높아도 항상 높을 수 없고, 온도가 낮아도 계속 낮을 수 없기 때문에 최근 1, 2년 사이에 점차 추워질 것이라고 예측했다. 사실 그것은 사람들이 바라는 바이기도 하다. 겨울은 당연히 겨울다워야 한다. 엄동설한의 추운 겨울이 있어야 여러 가지 바이러스와 병균을 죽일 수 있어 사람들의 건강에 좋다.

05 ▶ 속독본문
풍력과 풍향

　　TV와 라디오에서는 매일 일기예보를 한다. 내일 날씨가 맑을 것인지 흐릴 것인지, 비가 올 것인지 아니면 눈이 올 것인지를 알려 줄 뿐만 아니라 바람이 부는지 여부와 바람의 세기가 몇 급인지도 설명해준다. 바람의 세기도 등급에 따라 표시해준다. 가장 약한 바람은 1급 바람이며 가장 센 바람은 12급이다. 3급은 약한 바람으로 나뭇잎이 흔들리게 할 수 있는 정도이고, 4·5급은 강물에 물결을 일으킬 수 있는 정도인데, 6·7급은 바람의 세기가 무척 세서 나뭇가지를 부러뜨릴 수 있을 정도이다. 8·9급은 특히 센 바람으로 사람들이 제대로 걸을 수가 없을 정도를 말하며 10~12급에 이르면 커다란 나무를 쓰러뜨릴 수 있을 정도이다.

　　기상예보에서 자주 언급하는 북서풍, 북풍, 남동풍은 풍향을 의미한다. 북서풍은 바람이 북서쪽에서 불어온다는 것이며, 남동풍은 바람이 남동쪽에서 불어온다는 것이다. 주지하다시피 바람도 성질이 있어서 항상 차가운 공기가 따뜻한 공기를 향해서 움직인다. 중국에서 특히 동남 지역은 겨울에는 북서풍이 불고 여름에는 남동풍이 분다. 중국의 북서쪽은 몽고 고원과 러시아의 서쪽 시베리아 지역을 말하는데, 그곳의 겨울 날씨는 아시아에서 가장 춥고 건조해서 항상 강한 차가운 공기가 형성된다. 이 강하고 거대한 차가운 공기가 중국 남동쪽의 따뜻하고 습한 연안 지역으로 이동할 때 북서풍이 불게 된다. 여름에는 바람이 남동쪽의 바다에서 북서쪽의 육지를 향해서 불기 때문에 자주 남동풍이 불게 된다. 중국에 "동풍은 따스함을 선사한다(东风送暖)", "서풍은 시원함을 선사한다(西风送爽)"라는 말이 있는데, 여기에서 '동풍'과 '서풍'은 각각 봄바람과 가을바람을 의미한다.

05 ▶ 보충본문
구구가

　　중국 민간에 계속해서 '구구가'가 전해져 오고 있다. "1·9, 2·9엔 손을 내밀 수 없고, 3·9, 4·9엔 얼음 위를 걷고, 5·9, 6·9엔 머리 들어 버드나무를 보고, 7·9엔 강이 풀리고, 8·9엔 제비가 날아드니, 9·9에 1·9를 더해주면, 여기저기 밭 가는 소가 돌아다닌다." 이 '구구가'는 도대체 어떤 노래일까?

　　본래 중국은 기후의 변화를 24절기로 나타내는데, 그중의 한 절기를 동지라고 한다. 동짓날 북반구에서는 정오에 태양의 고도가 1년 중 가장 낮다. 그러므로 이 날은 낮이 가장 짧고 밤이 가장 길다. 이날 이후 날씨가 특히 추워진다. 동짓날부터 시작해서 매 9일씩을 '9'라고 하며, 첫 번째의 9일을 '1·9'라고 하며 계속해서 2·9, 3·9로 나아가 9·9까지 모두 81일이 되는 것이다. 이를 아홉날 꼽기라고 한다. 이러한 아홉수를 세는 기간이 1년 중에서 상대적으로 추운 때라고 한다. 아홉날 꼽기가 끝나면 곧 봄이다.

매년 동지(대략 12월 22일)부터 아홉날 꼽기를 시작해서 3·9날이 되면 대략 1월 11일에서 1월 19일의 기간을 가리킨다. 이때가 우리나라 대부분 지역이 1년 중 가장 추운 시기라서, 사람들이 늘 "3·9에는 춥다"고들 말하는 이유가 여기 있다. '3·9에 춥다'라는 말은 우리나라 사람들이 오랜 기간 생활경험을 통해서 집약해놓은 자연규칙이다. 이것은 단지 상대적으로 우리나라 대부분 지역이 그렇다는 말이며, 어떤 곳은 3·9 혹은 4·9에 가장 춥다. 그 말은 같은 지역이라도 매년 꼭 3·9 때에만 추운 것은 아니라는 것이다. 그러나 아무튼 3·9에 상당히 추운 것만은 분명하다.

06 ▶ 정독본문
우리집 전용 일기예보

　다른 집과 마찬가지로 우리집도 매일 저녁에 시간 맞추어 텔레비전의 일기예보 방송을 본다. 그런데 남들과 다른 것은 매번 날씨에 비교적 큰 변화가 있을 시 우리집은 전문 일기예보, 즉 장모님이 외손자를 위해 발표하는 일기예보를 듣게 된다는 것이다.

　우리 아들은 장모님의 손에 자라 외할머니의 총애를 받았고, 외손자의 일상생활이 자연스럽게 바로 할머니의 일생생활이 되었다. 저녁 때 방송국의 일기예보가 막 끝날 때면 갑자기 우리집 전화벨이 울린다. 장모님은 창사 지방 사투리가 섞인 표준어로 집사람의 어릴적 이름을 부르면서 일기예보를 재방송하시고 임무를 내리신다. "小妹야, 내일 눈이 많이 온단다. 그 애보고 자전거 타지 말라고 하고, 걸을 때 조심해서 걸으라고 해라, 넘어질라." "小妹야, 내일 바람이 세고 기온이 내려간다고 하는구나, 우리 손자 옷 따뜻하게 입혀라, 감기 걸리지 않게." "小妹야, 날씨가 그렇게 덥지 않으니까 아직은 돗자리를 깔지 말아라, 애 감기 걸릴라." 때때로 장모님은 전화로 리모콘식 지휘를 하시는데, 외손자의 머리에서 발끝까지 무엇을 입고 신을지, 크고 작은 것, 긴 것과 짧은 것, 두꺼운 것과 얇은 것, 짙은 색과 옅은 색 등 비록 이 모든 것들이 장모님의 눈앞에 보이지 않지만, 마치 당신 집안의 보물을 세듯 속속들이 훤히 꿰고 계신다. 그도 그럴 것이 이 모든 것들이 당신이 외손자를 위해서 손수 마련했거나 집사람을 시켜서 마련한 것들이기 때문이다. 매번 이런 구체적인 지시들을 받을 때면 아내는 항상 웃으면서 "엄마, 알았어요. 저도 방금 일기예보 들었어요. 제 아들인데 신경 안 쓰겠어요?"라고 대답한다.

　장모님은 올해 78세이신데, 상당히 정정하시다. 사실 외손자 또한 이미 열 몇살이 되었기 때문에 세세하게 신경 쓸 필요가 없다. 하지만 장모님은 여전히 외손자의 일에 신경 쓰는 것을 당신의 최대의 즐거움으로 여기신다. 집사람은 그런 점을 이해하면서도 종종 감상적이 된다. "엄마가 젊었을 땐 일하느라 하루 종일 바빠서 우리 형제자매에게는 별로 신경을 쓰지 못하셨는데, 지금 손자에게 저렇게까지 하시다니 정말 샘이 나요."

그러나 분명히 얘기하고 넘어가야 할 것은 우리집 전용 일기예보가 일년 사계절 항상 들을 수 있는 게 아니라는 것이다. 예를 들면 여름방학이나 겨울방학 때에는 일기예보를 들을 수가 없다. 왜냐하면 그때는 외손자가 할머니의 곁에 있기 때문이다.

06 ▶ 속독본문
저는 부모님의 눈이에요

작은 키에 앳된 음성, 7살의 王佳蕾는 어리기 그지없다. 상하이 어느 초등학교의 막 2학년이 된 아이가 세 식구를 이끌어가는 소녀가장이라는 사실은 믿기 어렵다. "저는 부모님의 눈이에요." 부모가 모두 맹인이기 때문에 佳蕾는 철이 들면서 그점을 인정하게 되었다. 佳蕾가 3살 정도 되었을 때, 스스로 옷을 입고 목욕을 하고 양말을 신었다. 그리고 온 집안의 옷들을 빨래하기 시작한 것은 대략 1년 전 겨울이었다. 그때 빨래할 옷이 많고 무거운데 엄마가 더듬더듬하면서 하루 종일 빨래를 해야만 한다는 생각이 들자, 佳蕾는 자진해서 큰 대야를 안고 나섰다. 佳蕾는 힘껏 손으로 비비면서 열심히 자신의 옷을 빨았다. 연로하신 외할머니는 佳蕾의 빨갛게 얼은 작은 손과 물이 튀어 젖은 옷을 보고는 마음이 아파서 눈물을 줄줄 흘리셨다. 그러나 佳蕾는 작은 입을 벌려 웃으면서 곧 큰 소리로 말했다. "옷 다 빨았다!"

그 이후로 佳蕾는 더욱 일 솜씨가 좋아졌다. 부모님이 바닥청소를 깨끗이 할 수 없었기 때문에 자신이 모든 방의 청소를 도맡아서 했다. 밥을 짓기 시작하면서 쌀도 일고 채소도 씻었다. 반찬을 사러 갈 때면 佳蕾는 아빠나 엄마를 부축하고 북적대는 사람들 속을 헤집고 다녀서 물건 고르는 법과 어떤 것이 어울리는지도 점차 알게 되었다. 근처 수퍼마켓이 문을 열면 부모님을 모시고 가서 둘러보며 두 분이 잘 드시는 몇 가지를 골라서 샀다. 혹 부모님이 적막해 하시면 눈치 빠른 佳蕾는 두 분을 모시고 나들이를 갔다…….

공부 때문에 佳蕾가 외할머니 집에 자주 머무르게 되었지만, 佳蕾는 항상 부모님 때문에 마음을 놓을 수 없었다. '두 분이 행여 넘어지지나 않을까? 어디 데지나 않을까? 집안은 정돈이 잘 되어 있겠지?' 며칠 동안 아빠와 엄마를 보지 못하면 佳蕾는 마음이 조급해져 밥도 제대로 먹을 수가 없었고, 매번 집으로 돌아가면 바로 소매를 걷어 부치고 일을 했다. 한번은 엄마가 출근하다가 차에 치여 병원에 입원했다는 소식을 듣고서 佳蕾가 황급히 부모님을 뵈러 가는데, 아무리 기다려도 차가 오지 않자 2시간 가량을 걸어서 엄마의 병상에 갔다.

똑똑하고 착하고, 일찍감치 집안일을 도맡아온 이 조그만 소녀는 성적도 뛰어나고 성격도 활발한 데다 소년궁에서 꽃꽂이와 뜨개질도 배웠다. 佳蕾는 "저는 부모님의 눈이에요."라고 말한 자신의 약속을 영원히 잊지 않을 것이다.

06 ▶ 보충본문
마음이 따뜻한 남편

일상생활에서 서로 돕고 살 수 있는 몇몇의 친구가 있다는 것은 정말 행복한 일일 것이다. 또한 따뜻한 마음으로 가득찬 남편이 있다면 그것은 더욱 행복한 일일 것이다.

나는 결혼에 한 번 실패했으며 함께 살지 않는 10살짜리 아들이 있다.

재혼을 한 후, 지금의 남편과 아들이 첫 대면을 한 것은 작년 여름이었는데, 아들이 내게로 와서 여름방학을 보냈다. 아들은 남편을 적대적인 눈빛으로 바라보았다. 남편은 믿음을 버리지 않고 시간만 있으면 아이와 함께 얘기를 나누고 바둑을 두고 오락을 했다. 아이는 책 읽는 것을 좋아해서 적지 않은 성어를 알고 있었는데, 그는 아이와 함께 성어 말하기 시합을 하면서 커서 문학가가 되라고 격려해주었다. 아이가 세상의 이런저런 이야기를 하길 좋아하자 그는 아이에게 역사이야기를 들려주면서 장차 역사학자가 되라고 독려해주었다. 아이가 공룡에 대해 깊은 관심을 나타내자 그는 곧 아이와 함께 공룡에 관해 탐구하면서 고생물학자가 되라고 격려해주었다. 아이는 즐거워했다. "아이! 아저씨, 어떻게 뭔가 되려고 하면 할수록 점점 멀어져요?"

시간이 지나면서 아이와 남편은 점차 정이 들었다. 아이와 남편의 그런 다정한 모습을 보자 나도 모르게 눈물이 흘렀다. 남편은 내 귓가에 조용히 말했다. "뭘 이런 걸 가지고. 당신 아들이 바로 내 아들이잖아."

07 ▶ 정독본문
인터넷과 함께 성장하다

우리집에는 컴퓨터가 한 대 있는데, 그것은 아버지가 내 출세를 바라고 사들인 '세트 물품' 중의 하나이다. 그러나 예전에는 어쩌다 컴퓨터 오락을 하는 것 외에는 거의 사용하지 않았다. 그런데 지금 컴퓨터는 내 생활에 없어서는 안 되는 일부분이며, 심지어는 나의 친구이자 좋은 선생님으로 공부 외의 시간은 거의 컴퓨터와 함께 보낸다.

나와 컴퓨터의 이런 친밀한 관계는 1996년 겨울방학부터 시작되었다. 겨울방학 동안 나는 인터넷 겨울캠프에 참가했는데, 아주 특별한 캠프였다. 3일이라는 짧은 시간 동안 선생님은 우리를 이끌고 아주 특이한 인터넷 여행을 하셨다. 우리의 이번 여행은 닐슨과 앨리스의 그 어떤 여행에도 뒤지지 않는 것이었다. 인터넷을 이용해서 백악관, 남극, 아프리카 등을 돌면서 세계일주를 하였다. 난 처음으로 인터넷이 무엇인지를 알게 되었고, 인터넷상에서 처음으로 지구가 무척 작아서 마치 하나의 집 같다는 것을 뼈저리게 체험하였다. 나는 인터넷 사이버 세계에 깊이 빠져들게 되었다. 겨울캠프가 끝난 후에 나는 세뱃돈으로 인터넷 회원에 등록하여 집에서 마음대로 사이버 세상을 이용할 수 있는 권리를 얻게 되었다.

인터넷은 나에게 많은 지식을 제공해주었을 뿐만 아니라 내가 모르는 많은 사람들과 알고 지내게 했고, 더욱 더 성년으로서의 자유를 충분히 누릴 수 있게 해주었다. 현실생활에서는 선생님의 눈엔 나는 그저 학생이고 부모님의 눈에는 영원히 자라지 않는 아이일 뿐이다. 그러나 사이버 세상에서는 아무도 내가 누구인지 모르고, 더욱이 내가 몇 살인지 심지어는 나의 성별조차도 알 수가 없다. 이런 사이버 세계에서 나는 절대적으로 평등했고, 자유자재로 어떤 사람과도 대화를 나눌 수 있었으며, 학생 논단인 '학교생활'에 참여해서 진행을 맡기도 했다.

나는 이러한 인터넷의 넓은 바다 속에서 마음껏 여행을 즐기면서 시야도 넓히고 자신감 또한 커져 내 자신이 한순간에 성숙해진 것 같다.

07 ▶ 속독본문
인터넷상의 닉네임

사이버 세계에서 자신의 본명을 공개하고 싶은 사람은 아마 드물 것이다. 그래서 인터넷 닉네임이 생겨난 것이다. 인터넷에 연결하기 전에 모든 사람들은 스스로 신경을 써서 골라 인터넷 닉네임을 짓는다. 만약 당신이 좀더 주의해서 본다면 이러한 다양한 인터넷상의 닉네임들이 그들 부모들이 지어준 실명보다도 더욱 훌륭하다는 것을 알 수 있다. 종합해보면, 인터넷 닉네임은 대략 다음과 같은 몇 가지 유형으로 나눌 수 있다.

가장 흔히 보이는 것은 이상형 닉네임이다. 이런 네티즌들은 대개 자신이 좋아하는 글자들을 선택한다. 예를 들자면 '小雪', '北方', '夏子', '阿竹' 등이다. 내 친구는 줄곧 부모님이 지어주신 이름이 너무 촌스럽다고 싫어해서 중학생 때부터 '小雪'라는 이름을 마음에 두고 나중에 자신의 딸에게서 이런 숙원을 이룰 수밖에 없다고 생각했었는데, 지금 비록 딸은 없지만 그녀 자신이 오히려 사이버 세계에서 '小雪'가 되었다. 또 다른 하나는 유머형이다. 그것들은 대개 다른 사람들이 봤을 때 우스운 그런 단어들이다. 예를 들면 '멍청이', '바보', '大丸子' 등이다. 어떤 형제는 형은 '양파', 동생은 '마늘'이었는데, 이를 통해서 그들이 혈연관계에 있음을 알 수 있다. 어떤 사람들은 영화나 소설 속의 영웅이나 호걸들, 즉 자기 마음속의 우상들을 인터넷 닉네임으로 삼았다. 예를 들면 '배트맨', '수퍼맨' 등이다. 그 외에 인터넷 닉네임은 외국인의 이름을 빌려 쓰기도 하는데, 이러한 이름들은 이국적인 풍취가 물씬 풍긴다.

사이버 세계에서 사람들은 자신들의 신분과 이름을 감출 수 있을 뿐만 아니라 적지 않은 사람들이 자신들의 성별을 드러내지 않고 이런 닉네임을 이용해서 자신의 진짜 성별을 감추고자 하는 목적을 이룬다(이는 자신의 성별을 감출 수 있는 가장 좋은, 그리고 가장 많이 사용되는 수단이라고 할 수 있다). 어떤 이는 사이버 세계에서 '미녀'라고 불리는 사람들은 십중팔구 남자이고, '멋쟁이 오빠'라고 불리는 사람은 나이 어린 소녀일 경우가 많으며, '못난이'라고 불리는 사람들은 대개 잘생긴 사람들이 많고, '이쁜이'라고 불리는 사람들은 대개 생김새가 그저 평범한 사람일 경우가 많다고 한다. 여기서 네티즌들에게 인터넷에서는 절대로 이름을 가지고 사람을 판단하지 말 것을 충고한다. 그중에서 진짜와 가짜를 판단하기 어렵기 때문이다.

07 ▶ 보충본문
중국 인터넷 아가씨 선발대회

이번 토요일에 제1회 인터넷 아가씨 선발대회 베이징 지역 예선이 곧 끝난다. 이번 대회가 '아가씨(小姐)'라는 두 글자를 내걸고 있어서 사람들로 하여금 의구심을 갖게 한다. 몇 년 전 여대생들이 미인선발대회를 거부했던 사건이 일찍이 광범위하게 사회적으로 논쟁거리가 된 적이 있었다. 그런데 지금 인터넷 아가씨 선발대회 때문에 사람들로 하여금 미인선발대회를 생각나게 하는 것은 아닌지.

기자의 이번 대회 목적에 대한 질문에 주최자는 이렇게 대답했다. "인터넷 아가씨 선발대회는 미인을 뽑는 것이 아닙니다. 참가자의 대부분이 지식인 여성들이며, 대회에서는 신세대 여성들의 지식과 지혜, 그리고 종합적인 소양을 겨루게 됩니다. 더 많은 사람들에게 인터넷 지식을 보급하고 더 많은 사람들로 하여금 인터넷이 가져다주는 기회와 즐거움을 느끼게 하는 것이 우리가 주최하는 이번 활동의 목적입니다." 참가자들 역시 "인터넷 아가씨 선발의 중점은 지식과 지혜이지 외모가 아닙니다. 인터넷 아가씨는 반드시 현대 지식여성의 모습을 대표하게 될 것입니다."라고 말했다.

08 ▶ 정독본문
자주 나가서 바람을 쐬라

연애할 때 연인들은 쌍쌍이 짝지어서 공원을 드나들거나 숲 속에서 유유자적하게 산보하는 것을 즐겨한다. 새소리와 꽃향기 속에 있다보니 서로를 좀더 이해하게 되고, 감정도 깊어져 결국에는 한 처마 밑으로 오게 된다. 결혼생활이 오래되면서 두 사람은 서로 손바닥 보듯이 잘 알게 되고, 일상생활과 관련된 화제 외에 정신적인 교류가 적어지게 된다. 특히 아이가 생기면 집안일은 더욱 많아져서 부인은 더욱 바빠진다. 지출이 늘어나면서 남편들의 부담이 가중되어 심리적인 압박이 커지게 된다. 두 사람은 집안팎에서 바쁜 하루를 보내기 때문에 피곤해서 온몸이 쑤신다. 서로 간의 목소리도 점차 커지게 되고, 서로에 대한 원망이 날로 많아져 낮에도 웃는 얼굴을 볼 수가 없고, 밤에도 누우면 곧장 잠이 드니 서로 교류할 시간이 있겠는가? 서로 간의 교류가 결핍되면 사랑의 꽃은 쉽게 시들어 바람에 떨어지고 마는 것이다.

아무리 바쁜 와중이라도 시간을 내어 집안의 모든 일을 접고 자주 밖으로 나가 바람을 쐬라. 풀과 나무가 있는 곳에 가서 환경을 바꾸어보고, 따사로운 햇살 아래서 예쁜 꽃과 푸른 잎을 감상하면서 새소리와 꽃향기 속에서 잠시 생활 속의 모든 번뇌와 부담을 벗어버려라. 자주 밖으로 나가서 바람을 쐬고 생활환경을 바꿔라. 왜냐하면 평생 변하지 않는 환경은 사람으로 하여금 감각을 잃게 하기 때문이다. 또 다른 환경 속에서 사람들은 또 다른 감정이 생길 수 있다. 온 가족이 어깨를 맞대고 아름다운 대자연 속에서 서로 교감하고 생활 속의 느낌이나 미래에 대한 동경을 얘기하다 보면 서로 간의 이해와 애정을 증진시킬 수 있다. 그러면 설령 내일 여전히 바쁘더라도 편안하고 즐거운 마음으로 바쁘게 일할 것이다.

08 ▶ 속독본문
이혼하는 이유

그 두 사람의 이혼사유는 단순하다. 남편은 부인이 너무 게을러서 집안이 하루 종일 엉망으로 어질러져 있고, 세탁기 속에 세탁물이 넘쳐 흘러도 세탁기를 돌리지 않는 것이 싫었다. 부인은 남편이 어리석은 것이 싫었다. 자전거조차도 수리할 줄 모르고, 수도꼭지가 고장나도 사람을 불러야만 하는 것이 싫었다. 그들은 3일이 멀다하고 말다툼을 하고 5일이 멀다하고 소란을 피웠는데, 그런 날이 오래되자 서로에 대해 지겨워하게 되었고, 결국 그들은 이혼하고 싶어 했다.

법원의 소환장을 기다리면서 그들은 각방을 썼으며 거실은 서로 돌아가며 청소했다. 부인의 방은 매일 쓸고 닦아서 먼지 하나 없이 잘 정돈되어 있었다. 남편은 자신도 모르게 자전거를 수리하는 법을 배우게 되었고 수도꼭지도 다시는 문제가 생기지 않았다. 평소에 TV를 잘 보지 않던 남편은 매일 밤마다 거실을 차지하고 "편안한 밤 되십시오"라는 말이 나올 때까지 있었고, 부인도 넋이 빠져 보던 멜로드라마 대신 점차 축구경기 시청을 좋아하게 되었다.

법원의 소환장이 드디어 도착했다. 내일 아침 9시 민사소송실 3호실로 오라고 되어 있었다. 그날 밤 그들은 잠을 이루지 못했다. 그 다음날 그들은 각각 일찌감치 문을 나서서 저녁에 어둠이 깔릴 때쯤 되어서야 각자 집으로 돌아왔다. 집에 돌아온 후 그는 편지를 써서(이혼을 제기한 이후로 그들은 언어상의 교류가 없어졌다) 부인에게 주었다. "당신은 왜 법원에 나오지 않은 거요?" 부인은 흘낏 보더니 쪽지에 살짝 점을 찍고는('같다'라는 뜻으로 ' 〃 '을 찍고는) 쪽지를 본래 그대로 남편에게 다시 돌려주었다. 그들은 서로 쳐다보면서 웃었다.

사실, 그들은 법원에 가서 각자 어두운 곳에 숨어 상대방을 엿보기만 했던 것이다. 사실 지금 그들은 아무도 이혼하고 싶어 하지 않는다. 왜냐하면 서로가 아무도 이혼사유를 제시할 수 없기 때문이다.

때때로 젊은 부부들이 이혼을 생각하는 것은 이처럼 단순하다.

본문해석

08 ▶ 보충본문
건망증

　　몇 년 전 단독주택에 살 때 우리가 살던 집의 이웃에 2살이 넘은 남자아이를 기르는 젊은 부부가 살았는데, 우리 두 집은 사이가 무척 좋았다. 그집 남편은 호탕하고 잘 웃고 얘기도 잘하는 사람이었다. 어느 공휴일, 우리는 오전에 일이 없어서 마당에 앉아 쉬면서 얘기를 나누고 있었다. 이웃집 부인이 자기 남편에게 "집에 파가 없어요. 나가서 파 좀 사고, 오면서 우유 두 봉지도 사와요."라고 말했다. 이 젊은 남편은 대답하면서 밖으로 나갔다. 나간 지 얼마 되지 않아서 빈손으로 돌아왔다. 그 부인이 물었다. "물건은요?" 남편은 주머니를 털면서 웃으며 말했다. "돈 가져가는 것을 잊었어." 그 남편이 집안에서 돈을 가지고 나가려 할 때 내가 말했다. "내 자전거를 타고 가세요. 빠를 거예요." 그는 고개를 끄덕이고 자전거를 끌고 갔다. 약 10분 정도 지났을 때, 그가 콧노래를 부르며 돌아왔는데 손에는 대파만 쥐어져 있었다. 그의 부인이 보고는 급히 물었다. "형님 자전거는요?" 순간 그는 멍하더니 이마를 치면서 말했다. "아이고! 내가 자전거 타고 간 것을 잊었네! 자전거는 아마 재래시장에 놔두었을 거야." 그의 부인이 곧 물었다. "우유는요?" 그는 웃으며 말했다. "파를 사면서 그 채소수레에다 놓고 온 것이 분명해." 부인이 화를 내며 소리쳤다. "빨리 가서 형님 자전거 찾아오지 못해요!" 이때 그의 아들이 따라가려고 하자 부인이 급하게 소리쳤다. "가지마라. 안 그러면 좀 있다가 너 찾으러 가야 할 테니." 그 부인의 말을 듣고서 우리는 모두 웃었다.

09 ▶ 정독본문
부부 치파오 가게

　　曹 노인의 이 작디 작은 치파오 가게는 떠들썩한 곳에서 조용함을 찾을 수 있는 곳이다. 가게는 골목 깊숙한 곳에 있는데, 동쪽은 둥딴 패션거리이고, 번화가인 왕푸징도 멀지 않다. 그러나 曹 노인의 이 작은 치파오 가게 때문에 이 가게가 자리잡고 있는 베이징 덩스커우 깐미엔 골목은 조용할 수가 없다.

　　만나자마자 72세의 曹 노인은 나에게 명함을 건네주었는데, 명함에는 이름과 주소, 전화번호 외에 '치파오 전문제작(专做旗袍)'이라고 적혀 있었다. 바로 그 네 글자와 가게 안쪽 작은 침실, 그리고 바깥 작업실로 이루어진 20㎡ 정도 되는 회색벽돌, 청기와의 낡은 집은 중국 손님과 외국 손님을 끊임없이 끌어들였다.

　　도안 하나, 발로 밟는 구식 재봉틀 한 대, 그리고 60년대식 전기다리미 하나가 그 늙은 노부부가 작업할 때 쓰는 도구의 전부이다. 11살부터 기술을 배운 曹 노인은 60여 년간 이 일에 종사하고 있으며, 부인은 22세에 曹씨 집에 시집오자마자 이 작은 방안에서 치파오를 만드는 것을 친구삼아 지내왔다. 예전에 중국 경극의 대가들의 옷과 평상복들은 대부분 曹 노인 부부의 에서 만들어졌다. 비록 지금은 치파오를 입는 사람들이 예전보다 줄어들었지만, 치파오에 대해 관심을 가지는 사람이 적지 않고, 또 두 노인네의 사람됨이 선량하고 몸에 맞게 재단도 잘 하면서 섬세하게 옷을 잘 짓다보니, 매일 매일 찾아오는 단골 손님들 접대에 두 노부부는 눈코 뜰 새 없이 바쁘다.

근래에는 베이징에 유학온 학생들이 졸업을 앞두고 이 집을 찾아와 옷을 맞추면서 이렇게 말했다. "우리들은 중국문화를 배우러 왔어요. 중국의 전통문화로 우릴 다시 잘 '포장'해 주신다면 더욱 의의가 있겠지요." 중국에 와서 일을 하는 몇몇 외국인들도 자주 치파오 가게에 온다. 두 노인이 가장 기뻐하는 것은 요즈음 치파오 만드는 젊은 사람들이 많아졌다는 것이다. 그들은 치파오가 중국의 특색을 잘 나타내주고, 입으면 예쁘다고 생각한다. 어느 젊은 한 쌍이 이곳에 와서 치파오를 세 벌 맞추면서 말했다. "우리는 결혼예복을 맞추러 왔어요. 우리는 양복과 치파오 중에서 치파오를 선택했어요. 왜냐하면 치파오는 우리 민족의 전통 복식문화 중에서 대표적인 것이지요. 이후에 잘 보관하면 예술작품이 되기도 하고요."

전통의상을 전문적으로 연구하는 한 부인은 둥베이성에서부터 치파오 가게를 찾아 왔다면서 曹 노인과 며칠 동안 얘기를 나누더니 헤어지면서 옷 몇 벌을 맞추고 돌아가기도 했다……

이젠 나이가 들어 두 노인은 몸이 예전 같지 않지만, 그들은 이 일을 그만둘 생각이 없다. 치파오를 만드는 일이 이미 자신들의 생활의 일부분이라고 여기기 때문이다.

현재 그들은 자신들의 치파오 만드는 기술을 딸에게 전수해주었다. 노인은 "이후에 치파오 만드는 기술은 그 아이로부터 전수가 되겠지요."라고 말했다.

09 ▶ 속독본문
평범한 가정을 방문하다

만리장성에 올라보았고, 자금성에도 가보았다. 노르웨이의 한 여행사에서 근무하는 리그무어 부인은 그래도 중국은 여전히 넓고 아주 신비롭다고 생각한다. 그녀는 지구의 한 편인 이곳에서 사람들이 어떻게 살아가는지 알고 싶었다.

그리하여 그녀는 베이징 시쥬렌즈골목의 李씨 할머니 집에 들어섰다. 두 사람은 가이드의 통역으로 이야기를 나누었다. 말을 하다보니 李씨 할머니는 자신의 자식과 외손자를 언급하게 되었고, 리그무어 부인은 자신도 모르게 자신이 지니고 있던 가족사진첩을 李씨 할머니에게 보여주며 말했다. "얘가 우리 아들이에요. 올해 15살이고 중학교에 다니지요." "키가 꽤 크네요." 李씨 할머니가 말했다. "우리 두 아들 녀석도 키가 작진 않지요……."

두 사람은 대화를 나눌수록 점점 친밀해졌다.

리그무어 부인과 같은 생각을 가지고 점점 많은 여행객들이 평범한 골목으로 들어섰고, 중국의 평범한 가정을 방문하였다.

좁은 골목의 작은 음식점, 이발소, 사합원의 문루, 벽돌 조각, 정원에 심어놓은 풀과 꽃, 처마 끝의 앵무새장, 창문 앞의 금붕어 어항…… 외국인 여행객들의 눈에 이 모든 것이 신선했다. 당연히 그들이 가장 흥미 있어 하는 것은 선조가 물려준 이 낡고 오래된 집안에 어떻게 현대식 전자제품을 갖추어 넣을 수 있었는지, 사합원에 어떻게 열댓 집이 함께 화목하게 사는지, 4대가 어떻게 노인을 공경하고 아이들을 위하는지 등이다.

한 일본 기자가 이 작은 골목동네에 들어와 하루를 묵으면서 베이징 사람들과 함께 생활했다. 새벽 4시에 일어나서 골목 안에 처음으로 울리는 소리를 들으면, 공원에 가서 태극권을 하고 새벽시장에 가 채소를 사서 집에 돌아와 밥을 하고 저녁에는 거리에서 앙가춤을 춘다. 또 스위스 젊은이 한 쌍은 평범한 중국인의 집에서 중국식으로 결혼식을 올리기도 했다. 심지어는 100명도 넘는 외국 노인들이 그들의 요구에 의해 섣달 그믐날에 수십 호의 중국 가정에 머물면서 그들과 만두도 빚고 얼궈터우를 마시면서 트럼프도 치고 향도 피웠다.

평범한 가정집을 방문해보면 중국은 더이상 멀지도, 신비스럽지도, 낯설지도 않다.

09 ▶ 보충본문
제기차기

자식들은 모두 분가해서 가정을 꾸렸다. 집에 우리 노부부 둘뿐이라 시간이 흐르자 좀 단조롭고 적막했다.

하루는 아내가 닭 한 마리를 사왔다. 그 매끈하고 예쁜 깃털을 보자 난 곧 어린 시절의 놀이였던 제기차기가 생각났다. 난 아내에게 "닭털 몇 개만 줘봐."라고 했다. 아내가 "뭘 하려고요?" 하고 물어서 난 "제기 만들어서 차려고."라고 대답했다. 아내는 웃으며 말했다. "아니, 머리는 백발이 된 사람이 아직도 당신이 열댓 살 먹은 소년인줄 알아요?" 그리고는 나에게 닭털을 몇 개 건네주었다. 3~5분만에 제기가 완성되었다.

탁, 탁, 탁…… 나는 제기를 차기 시작했다. 하나, 둘, 셋…… 나는 개수를 셌다.

우리 고향에서는 여자건 남자건 모두 제기차기를 좋아했는데, 시골의 젊은 남녀가 돈도 절약하고 또 재미도 있는 오락이었다. 또한 제기차기는 젊은 남녀가 서로 알게 되어 연애할 수 있는 기회를 제공해주기도 했다. 나와 내 아내도 제기를 차다가 서로 사랑하게 된 것이었다.

내가 제기 차는 소리를 듣고 아내가 주방에서 뛰어나왔다. 제기가 공중에서 날아다니는 모습을 보고 아내는 잠시 웃는 얼굴을 하며 말했다. "내가 해볼께요." 두 사람이 서로 쳐주면서 주거니 받거니 하니 제기가 마치 제비처럼 날아다녔다. 계속 제기차기를 하다보니 아내가 그 당시의 일을 떠올렸다. "기억나요? 그때 당신이 졌잖아요. 그런데 머뭇거리면서 나에게 손등을 맞지 않으려고 했잖아요." 내가 말했다. "손등은 맞지 않았지만, 당신이 귀를 잡아당겼잖아!" 아내가 그 말을 듣고 피식 웃으며 즐거운 표정을 지었다. 그 후 우리는 시간이 있을 때마다 제기를 찼는데, 제기를 차고 나면 몸이 훈훈해지고 마음이 즐거워졌으며 손발 운동이 되었다. 그러면서 시간을 보내는 맛도 생기고 재미도 더해주었다.

10 ▶ 정독본문
색깔이 변하는 차가 우리를 향해 달려온다

　자가용을 구매할 때 마치 옷을 사는 것처럼 두 가지 서로 다른 색깔의 차를 한꺼번에 구입하는 사람은 극히 적을 것이다. 만약 차의 색깔이 지겨워져서 다른 것으로 바꾸려고 한다면 그것 또한 그리 간단한 일이 아니다. 영리한 자동차 업체는 젊은 사람들이 낡은 것을 싫어하고 새것을 좋아하는 심리를 잘 파악하고 색깔이 변하는 차 연구에 박차를 가하고 있는 중이다. 전문가들은 5년 후면 길 위에서 빨리 달릴 때 차의 색상이 계속해서 변하는 차를 볼 수 있을 것으로 예측한다. '변색차'는 정말로 색깔이 변화는 것은 아니다. 단지 서로 다른 각도에서 차체를 바라보았을 때 차의 색깔이 달라 보일 수 있다는 것이다. 그 핵심기술은 차량의 신형 도료(塗料)에 있다. 즉 차가 각각 다른 방향에서 서로 다른 색깔의 빛을 반사함으로써 변색 효과를 낼 수 있는 것이다. 현재 유럽, 미국, 일본의 대형 자동차 제조회사에서는 이러한 차량 도료 연구에 몰두하고 있는데, 어느 정도는 성공했다고 한다.
　포드자동차회사의 디자이너는 "우리가 대로상에서 멀리서 달려오는 '야마하'차를 바라보고 있으면, 처음에는 보라색이었다가 가까워지면 빨간색으로 변하고, 바로 눈앞에서는 검정색으로 보였다가 차가 조금 멀어지면 녹색으로 보이고, 결국에 아주 멀어지면 호박색으로 변하게 된다. 색깔이 다양하게 변하게 되면 우리에게 시각의 즐거움을 누리게 할 것이다. 그러나 아쉽게도 우리가 아름다운 옷을 남에게 보이기 위해서 입는 것처럼 변색 차량의 이러한 기능도 단지 바라보는 사람들만이 그것을 누릴 수 있을 뿐 운전을 하는 본인의 눈에는 차량이 항상 검정색이다."라고 말했다.
　교통관리처와 경찰청에서는 이러한 변색 차량에 대해서 그다지 호감을 갖고 있지 않아서, 이런 종류의 차량이 시장에 등장하는 것을 환영하지 않는다고 명백히 밝히고 있다. 만약 많은 사람들이 이런 유행을 좇아 대로에 온통 형형색색의 차들이 즐비하면, 운전자의 주의력을 쉽게 분산시키고 도로의 상황이나 교통신호에 대한 정확한 판단에 영향을 끼쳐 교통사고를 유발할 수도 있다. 그밖에 변색 차량이 교통사고를 내고 도주할 경우, 도주 차량 목격자의 차 색깔에 대한 진술도 각양각색이어서 사고 해결에 어려움을 줄 것이다.

10 ▶ 속독본문
인터넷 쇼핑

1. 당신은 인터넷 쇼핑이란 말을 들어본 적이 있습니까?
2. 인터넷 쇼핑몰에 들어가 본 적이 있습니까?
3. 인터넷에서 물건을 구입한 경험이 있습니까?
4. 만약 인터넷 쇼핑몰이 일반 상점보다 저렴하다면 당신은 전자를 선택하겠습니까?
5. 만약 당신이 아직 컴퓨터가 없다면 다른 사람을 시켜 인터넷에서 물건을 구입하게 하겠습니까?

지난주에 본 신문이 '당신은 인터넷 쇼핑을 어떻게 생각하십니까?'에 대한 조사 결과를 실은 후, 폭 넓은 독자들의 열렬한 지지를 얻었다. 조사에서 나타난 결과는 고무적이다. 절대 다수의 사람들이 인터넷 쇼핑이라는 새로운 구매형식을 알고 있지만, 소수의 사람들만이 직접 인터넷에서 물건을 구입한다. 말하자면 인터넷 쇼핑에 대해 익숙하면서도 동시에 낯설다는 것이다.

이번 조사에 참여한 사람들의 연령 범위는 15세에서 62세이며, 그중 35세 이하의 젊은층이 77.6%를 차지했는데, 그들이 인터넷 쇼핑의 중심 세력이다. 조사 대상 중 74.1%가 전문대 이상의 학력을 가졌다. 구체적인 분석 결과는 다음과 같다.

첫째, 이번 조사 대상은 대부분 인터넷 쇼핑에 대해서 들어본 적이 있다고 답했는데, 이는 인터넷 쇼핑이라는 새로운 구매형식이 짧은 시간 내에 이미 대다수의 사람들에게 알려졌으며 이는 인터넷생활의 도래가 필연적인 추세라는 것을 반영하는 것이다.

둘째, 많은 사람들이 인터넷 쇼핑몰에 들어가보았는데, 방문자는 많았으나 실제로 물건을 구입한 사람은 많지 않다는 것이다. 두 번째 문항과 세 번째 문항에 대한 답변 중 '예'라고 대답한 비율은 각각 79.3%와 13.8%였다. 이는 한편으로는 인터넷 쇼핑이 막 형성되어서 사람들에게 아직도 점진적인 적응 과정이 필요함을 말해주고 있으며, 또 한편으로는 현재 인터넷 쇼핑몰이 아직 미비한 점이 있음을 말해주는데, 예를 들면 상품의 다양성이나 제때에 물건이 배달될 수 있는지 등이 그것이다. 이러한 문제점들만 해결된다면 인터넷 쇼핑은 머지 않아 발전할 것이다.

셋째, '인터넷 쇼핑몰의 가격이 상대적으로 싸다'는 점이 대다수의 사람들에게 상당한 매력으로 작용하고 있다. 96.6%의 사람들이 이런 매력 때문에 인터넷 쇼핑을 한다고 했다. 따라서 이점이 인터넷 쇼핑몰에게는 참고할 가치가 매우 큰데, 싸고 질 좋은 물건이 고객을 끌어들이는 방법이라는 것이다.

넷째, 조사 대상의 74.1%가 전문대 이상의 학력을 가졌으나 중·고등학교 학력의 소유자도 적지 않다. 이는 학력의 높고 낮음이 어떤 결정적인 제약요소가 아니라는 것을 말해준다. 왜냐하면 언젠가는 중국인들에게 있어서 인터넷 접속이 마치 자전거를 타는 것처럼 보편적인 일이 될 것이기 때문이다.

10 ▶ 보충본문
직접 설계하시면 만들어드립니다

"직접 설계하시면 만들어드립니다." 이것은 일부 가전제품 생산업체가 최근에 내놓은 새 구호이다.

일반 가전용품은 기업이 물건을 생산하면 소비자가 그 물건을 선택하는 식이다. 그러나 '직접 설계하시면 만들어드립니다'는 소비자가 가전제품 설계의 주체가 되어 모든 소비자가 기업체와 판매상과의 접촉과 논의를 통해 직접 가전제품에 대한 요구를 할 수 있는 것이다. 예를 들면 가전제품의 성능, 모양, 색깔, 크기 등에 대한 요구를 할 수 있는데, 이러한 의견을 소비자가 기업에 전달하고, 기업의 설계 담당자는 이러한 의견이나 내용을 받아들여 소비자의 일반적인 요구를 참고하여 소비자를 위해서 더욱 개성적이고 실용성을 갖춘 가전용품을 생산하게 된다. 그렇게 된다면 소비자는 실질적으로 기업의 설계와 생산에 주동적으로 참여하게 되는 것이다. 이 구호는 '소비자가 왕'이라는 말을 더이상 빈말이 되지 않게 할 것이다.

11 ▶ 정독본문
땅당차를 타고 홍콩을 구경하다

처음 홍콩에 가면 홍콩의 복잡한 지명과 거리 때문에 정말이지 어찌 할 바를 모른다. 한 친구가 만약 홍콩을 알고 싶다면 땅당차를 타보라고 했다. 땅당차는 홍콩의 구식 궤도전차이다. 이 차는 속도가 느리고, 출발할 때와 정지할 때 운전수가 발로 벨을 밟아 '땅당'하는 소리를 낸다고 해서 그렇게 이름지어졌다. 이 차는 승객의 편의를 위해 정거장을 만들었기 때문에 가깝게는 100m도 안 되게 정거장이 있고, 멀어봤자 단지 100여m 정도밖에 되지 않는다. 뒷문으로 타서 앞문으로 내리고, 가깝거나 멀거나 1인당 1.6위안이라서 상당히 싸다. 차에 앉아서 차창 밖의 풍경을 감상하는 것도 하나의 재미다.

땅당차는 1904년에 정식으로 홍콩에 투입·사용되어, 이미 근 100여 년의 역사를 가지고 있으며 홍콩에서 유일하게 운행되고 있는 구식 교통수단이다. 섬의 북동쪽에서 북서쪽까지 십몇 킬로를 땅당차는 승객을 태우고 홍콩의 번화한 시내를 통과하는데, 현대적인 도시와 선명한 대조를 이룬다. 땅당차의 노선은 명승고적지와 번화한 시내를 통과하기 때문에 홍콩관광과 쇼핑의 황금노선이 되었다. 홍콩관광국이 개발한 땅당차를 이용한 섬일주는 바로 외지에서 온 사람들로 하여금 홍콩의 어제와 오늘 그리고 내일을 이해할 수 있도록 한 것이다. 타이구청 주거 지역의 고층 주민아파트, 푸른 나무들이 우거져 있는 빅토리아공원, '쇼핑천국'이라는 칭호를 가지고 있는 통뤄완, 홍콩의 최고층건물인 '중환광장(77층, 높이 374m)', 진중가의 중인빌

딩, 리바오센터, 후이펑은행 등의 건물들, 상환의 좁고 복잡한 거리에 즐비하게 늘어서 있는 크고 작은 상점들…… 어떤 이는 통뤄완에선 세계 각지의 여러 가지 음식을 맛볼 수 있으며, 전자제품을 사려면 상환으로 가야 한다는 등등을 알려주었다.

볼 것도 많고 말할 것도 많다. 마지막으로, 내 친구의 말을 인용해본다. 홍콩에 도착해서 빠른 시간 내에 홍콩을 알고 싶다면 먼저 당당차를 타보는 것도 좋다.

11 ▶ 속독본문
종루과 고루

난징, 시안 등과 같이 고대 수도였던 도시에는 고루(鼓樓)나 종루(鐘樓)가 사람들에게 시간을 알려주는 용도로 사용되었다. 중국 7대 고도(古都) 중의 하나인 베이징도 예외는 아니다.

베이징의 북쪽에 두 개의 오래된 건축물이 있는데, 하나는 고루, 다른 하나는 종루라고 부른다. 고루는 500여 년 전에 지은 것이다. 당시 누각에는 24개의 소가죽으로 만든 큰 북이 있었다. 시간을 알리는 사람이 정시에 이 북들을 쳐서 모든 성안의 사람들에게 시간을 알려주었다.

종루는 200여 년 전에 새로 수리되어 지어진 것으로, 높이는 대략 33m이다. 종루에는 동으로 만든 커다란 종이 하나 있다. 알려진 바에 의하면 이 오래된 종은 현재 중국에서 발견된 가장 큰 종으로, 줄곧 옛 베이징에 시간을 알려주는 용도로 쓰였다. 옛날에 매일 저녁 7시가 되면 종을 관리하던 이가 동으로 만든 종을 치면 모두들 저녁이 되었음을 알았다. 새벽이 되면 관리인이 또다시 종을 울려서 하루의 시작을 알려주었다. 이 종은 1924년부터 사용되지 않았다.

12월 31일, 베이징의 종루에서 종을 200번 울려 2000년을 맞이했다. 이는 1990년 종루의 오래된 종을 다시 사용한 이래 처음으로 새해 첫날에 종소리가 울린 것이다. 1990년부터 음력 마지막날 밤에 종을 울려 구정을 맞이하는 사람들에게 경축 분위기를 더해주었다. 기자의 인터뷰에 응한 베이징 종루 관리처의 한 관계자는 지금은 베이징에도 고층건물이 많아져 고종의 종소리가 울려 퍼지는 것에도 분명 많은 영향을 끼치고 있으며, 종소리는 종을 칠 때의 풍향이나 주위의 잡음에도 많은 영향을 받는다고 말했다. 그렇지만 동쪽으로는 쟈오따오커우, 남쪽으로는 핑안대로, 서쪽으로는 더성먼, 북쪽으로는 중저우로까지 종소리를 듣는 데 문제가 없다고 했다.

11 ▶ 보충본문
방향을 식별하는 표지

　요즈음은 교외 여행이 많은 사람들에게 각광받고 있다. 그러나 만약 여행 중 조심하지 않으면 길을 잃기 쉽다. 이런 상황에 처하면 절대 당황하지 말아야 한다. 침착하게 주위의 사물을 관찰하면 곧 대자연 속에서 방향을 식별할 수 있는 표지를 찾아낼 수 있다.

　수풀 속에서 나무를 찾아 그 나무의 나이테를 보고서 방향을 식별할 수 있다. 왜냐하면 나이테는 남쪽이 항상 넓고 북쪽이 좁기 때문이다. 홀로 서 있는 나무를 관찰하면 그 나무의 나뭇잎들이 남쪽으로 무성하고 북쪽으로는 듬성듬성 나 있다.

　개미집 구멍을 보고서도 방향을 식별할 수 있다. 개미집의 입구는 모두 남쪽을 향해 있기 때문이다.

　바위가 많은 곳이라면 당신은 비교적 눈에 띄는 바위를 잘 관찰해보면 된다. 바위에 이끼가 많이 끼어 있는 곳은 북쪽을 가리키고 마르고 맨질맨질한 곳은 남쪽을 가리킨다.

　만약 별이 많은 밤이라면 별로 방향을 식별할 수 있다. 구체적인 방법은 먼저 북두칠성을 찾아내고 그 국자모양에서 여섯 번째와 일곱 번째의 별을 찾아낸다. 그 두 개의 별을 이으면 일직선이 되는데, 이 일직선의 연장선상에서 비교적 밝은 한 개의 별, 즉 북극성을 찾아낼 수 있다. 이것이 바로 남쪽에서 북쪽을 가리키는 방향이다.

　만약 겨울이라면 산의 계곡이나 어떤 건축물에 의해 방향을 정할 수 있다. 일조량 때문에 쌓인 눈이 잘 녹지 않는 부분이 북쪽을 향한 곳이다.

12 ▶ 정독본문
5월 1일 국제노동절

[1] 베이징 시민들은 노동절을 어떻게 보내는가?

　노동절이 지나고 나서 출근하면 사람들이 가장 많이 묻는 것이 "노동절에 어디 놀러 갔었냐?"는 것이다. 이 노동절을 베이징 시민들은 과연 어떻게 보낼까? 본 신문은 이 질문에 대해 여론조사를 실시했다.

　5월 1일 국제노동절은 노동자들의 휴일이므로, 이 기회에 쉬겠다는 것이 대다수 노동자의 첫 번째 선택이었다. 조사에 응한 노동자의 82%가 "며칠 동안 집에서 쉬겠다"고 답했다.

> **본문해석**

그렇지만 집에서 진정한 휴식을 취할 수 있는가? 답변은 '꼭 그렇지는 않다'는 것이다.

조사에 응한 노동자의 34%가 쉬더라도 집안일을 해야만 한다고 답변했다. 어떤 사람은 "쉬는 것이 출근하는 것보다 힘들어요. 쌓여 있는 집안일을 하자면 끝이 없거든요!"라고 말한다. 사실 대개 평소에는 출근하느라 바쁘고 퇴근하면 피곤하기 때문에 휴일이 되어서야 그 산더미같이 쌓인 집안일을 할 수 있는 시간도 나고 여력도 생긴다.

집안일은 여성에게 있어 더욱 큰 부담이 된다. 휴일이 되면 집안일을 하겠다고 대답한 여성이 3/4이나 된다. 이런 '현모양처'와 일부의 '현부양부(賢夫良父)'들은 '노동절' 휴가기간에도 쉴 새 없이 일하는 '노동군단'이 된다.

그밖에 노동절에 편히 쉴 수 없는 일부 사람들은 일이나 공부를 계획하기도 한다. 어떤 직업은 휴일이 될수록 더욱 힘들어지는 경우도 있는데, 서비스업종, 보안요원 등과 같은 직업이다. 이런 직업을 가진 사람들은 종종 다른 사람들이 쉬는 시간에 오히려 초과근무를 해야 하는 경우가 있다. 하지만 그들이 없다면 안전하고 편안한 휴일을 보낼 수 없을 것이다.

이제 곧 고입과 대입 입시철이라서 학생들은 아마도 긴장을 늦출 수가 없으며 쉬는 날에도 더욱 열심히 노력해서 시험에서 좋은 성적을 얻기를 희망하고 있을 것이다.

평소에 너무 바쁜 사람들이 친척을 방문할 기회를 가지기란 쉽지 않다. 조사에 응한 사람들의 52%가 '친척 방문'을 계획하고 있었다.

많은 사람들이 휴일을 기회로 함께 살지 않는 노인들을 방문한다. 얼마 전 사람들에게 호소하는 '자주 찾아뵙시다'라는 노래가 인기를 끌 수 있었던 것도 사람들의 공감대를 형성했기 때문인 것 같다.

사람들의 생활이 점점 개선되면서 여행을 떠나는 것이 휴일을 즐기는 주요 방법이 되었다. 대도시에서 생활하는 사람들이 대자연을 만끽하는 것은 그리 쉬운 일이 아니다. 46%의 사람들이 노동절을 여행의 최적기로 꼽았다. 노동절은 베이징 지역에 사는 사람들에게 있어서 1년 중 날씨가 가장 좋은 때 중 하나이기 때문이다. 덥지도 춥지도 않고 마침 휴일이다 보니 이 때가 되면 관광지마다 인산인해를 이룬다.

노동절 기간 동안 50%의 사람들이 여행을 계획하고 있었다. 그중 88%의 사람들이 시간상의 이유나 경제적인 이유로 근교로 여행을 계획하고 있었고, 12%의 사람들은 먼곳까지 가서 신나게 놀 계획을 가지고 있다.

그중 33%의 사람들이 1, 2일을, 13%의 사람들이 3, 4일을 계획하고 있었고, 4일 이상 휴일을 즐기려는 사람들은 6%였다. 결국 하루나 이틀 정도만 여행을 즐기려는 사람들이 대다수이며 그들은 먼곳이 아닌 근교를 선택했다.

노동절 기간은 물건을 파는 상인에게 있어서는 무척 바쁜 때다. 적지 않은 사람들이 휴일에 쇼핑 욕구가 가장 강하기 때문이다. 20%의 사람들이 노동절에 쇼핑이 빼놓을 수 없는 일이라고 했다. 쇼핑을 계획하고 있는 사람들 중 75% 이상이 여성이었다. 예전에 한 매체에서 남편이 부인과 함께 쇼핑할 때의 '방해공작법'을 가르쳐준 적이 있다. 어떻게든 구실을 대고 도망가서 돈을 지불하지 않는 방법, 부인의 구매 욕구를 없애는 방법, 돈지갑을 가지고 가지 않는 방법 등 다양했다. 이렇게 하면 돈지갑에서 마구잡이로 나가는 돈을 줄일 수 있다고 한다. 현재 아마도 적지 않은 사람들이 이런 방법을 쓰고 있을 것이다.

[2] 대중들이 말하는 노동절

미스 苏(학생) : 결혼하는 사람이 많은 것 같아요. 저는 당연히 시간을 아껴서 공부해야죠.
杨 부인(퇴직자) : 일요일처럼 딸애와 함께 식사를 해요.
미스 张(학생) : 밖엔 사람들이 너무 많아서 전 집에서 쉬면서 친구, 가족과 놀거나 음악을 듣 거나 책을 봅니다.
杜 부인(기관간부) : 노동절은 집에서 일(집안일)하는 날이죠.
丁 선생(개인사업자) : 전 모임이 상당히 많아요. 일도 바쁘고요.
赵 부인(국유기업직원) : 주말이나 별반 차이가 없어요. 애를 데리고 밖에 놀러가요.
李 선생(학생) : 평상시와 같아요. 휴일이 좀 길뿐이죠. 밖에 나가 놀거나 모임에 참석해요.
陈 부인(국유기업직원) : 온 가족이 놀러가요.
胡 선생(국유기업직원) : 업무가 바쁩니다.
邹 선생(개인사업자) : 어렸을 때처럼 부모님과 집에서 보내고 싶어요.
周 선생(국유기업직원) : 당직이 아니면 어른들을 뵈러 갑니다. 어른들을 찾아뵙는 건 참 의미 있는 일입니다.
侯 선생(퇴직자) : 여러 사람과 함께 나라 일을 얘기하거나 애들을 데리고 놀러갑니다.
田 선생(학생) : 부모님의 일을 도와드립니다.
刘 부인(국유기업직원) : 잔업해요.
孙 선생(외국합자기업직원) : 밖에 나가 놀아요.
杨 부인(기관간부) : 유원지에 가거나 하는 모임을 갖는게 제일 나은 것 같아요.
李 부인(국유기업직원) : 마음이 가볍죠. 식구들과 함께 정도 나누고 집안일도 하고 여행을 가서 견문을 넓히기도 하지요.
王 부인(기관간부) : 사람들도 많고 차들도 많아서 어디를 가든지 피곤해요.
미스 徐(학생) : 내 방을 정리해요.
李 부인(개인사업자) : 휴식을 취하면서 긴장을 늦춰요. 친구와 모여서 서로 간의 정을 나누기 도 하고요.

12 ▶ 보충본문
중국 각 소수민족의 복식

[1] 중국의 소수민족들은 자신들의 독특한 전통명절 외에도 각 민족이 생활하는 지역이 다르 다보니 풍습이 각기 다르고 복식에 있어서도 뚜렷하게 구별된다. 예를 들면 둥베이 싱안링의 깊은 산속에 사는 악륜춘족은 사냥을 업으로 하며 산다. 그들은 가죽으로 옷과 신발, 모자, 바

지 등을 만들어 입는다. 초원에 사는 몽고족은 항상 말을 타고 가축을 돌본다. 그래서 그들은 넓고 큰 양가죽의 몽고옷을 입는다. 또한 그들은 허리에 넓은 혁대를 둘둘 말고 있는데, 이것은 말을 타고 내릴 때 편리하다. 시짱 고원은 낮과 밤의 기온차가 크기 때문에 장족의 도포는 왼쪽 소매만을 입을 수 있게 되어 있는데, 날씨가 더우면 두 소매를 모두 벗어 허리에 감을 수 있다. 중국의 서남 지역에 살고 있는 묘족, 이족, 요족 여자들은 긴 치마를 입거나 짧은 치마를 입는데 이는 그들 지역의 기후가 따뜻한 것과 밀접한 관계가 있다. 그밖에 위구르족은 남녀 구분 없이 모두 작고 예쁜 꽃모자를 즐겨 쓰고, 회족들은 흰색이나 검은색의 작고 둥근 모자를 즐겨 쓴다.

[2] 모든 교실에 인터넷을 연결시키는 것은 이미 수많은 선진국이 지향하는 미래형 교육방식이다. 우리나라의 도시나 경제가 비교적 발달한 지역에서는 정보기술 과목을 개설하는 것이 어려운 일이 아니다. 그러나 벽지나 산골, 특히 빈곤 지역에서는 많은 어려움이 있다. 매번 우리가 컴퓨터의 성능을 업그레이드시키면서 컴퓨터가 없어서는 안 된다고 뼈저리게 느끼면서도 어쩌면 상상하지도 못할 것이다. 일부 빈곤 지역의 많은 아이들에겐 컴퓨터라는 것은 멀고도 먼 꿈일 뿐이라는 것을.

빈곤 지역의 선생님이나 학생들이 얼마나 컴퓨터를 원하는지를 상상하는 것은 어렵지 않지만, 그들의 힘만으로 현재의 상황을 변화시킨다는 것은 상당히 어려운 일이다. 이 일은 '희망 사업'과 마찬가지로, 그리고 자기 자식에게 관심을 가지는 것과 마찬가지로 빈곤 지역 아이들의 정보화 기술교육에 우리 모두가 관심을 가져야 한다. 이를 위해 우리는 사회 각계각층에 제안하는 바이다. 우리가 구원의 손길을 내밀어 지금 현재 사용되지 않거나 사용할 수 있는 중고 컴퓨터를 모아 빈곤 지역의 아이들에게 컴퓨터 교실을 만들어주자.

연습문제 정답

부록 2

01

▶ 정독 part

01
1 C 2 D 3 D
4 A 5 B 6 B

02
1 B 2 B 3 C
4 D

03
1 A 2 B 3 A
4 B 5 A 6 A
7 C

▶ 속독 part

01
1 C 2 A 3 C
4 A 5 D 6 D

02
1 D 2 A 3 C
4 D 5 D

▶ 보충 part

1 因为睡不着。
2 是指作者每当数到数字时就会联想起与数字相同的年龄时所经历的事情。
3 九十二岁。
4 去世或死的意思。

02

▶ 정독 part

01
1 C 2 C 3 C
4 A 5 B 6 A

02
1 A 2 C 3 C
4 A

03
1 A 2 A 3 A
4 A 5 D 6 A

▶ 속독part

01
1 B 2 C 3 C
4 B

02
1 周游：全部游遍。
   出席：参加。
   当地首映式活动：为所在地第一次放映所做的宣传活动。
2 异口同声：同时说同样的话。
   开心：高兴。
3 极深：记得很清楚。
4 究竟：到底。
5 一个好动：一个孩子比较外向。
   一个好静：一个孩子比较内向。
6 细心：认真。
   所见所闻：所看到的和所听到的。
7 令人刮目相看：很出色。

03
1 d 2 e 3 f
4 h 5 b 6 i
7 c 8 j 9 g

10 a

▶ 보충part

1 错　　2 错　　3 对

03

▶ 정독part

01　1 B　　2 A　　3 A
　　　 4 C　　5 A　　6 A
　　　 7 B

02
自由主义习气，动不动就跳槽，过夜生活，好用新词汇，讲究新款名牌时装。

03　1 为　　　　　2 进行，就餐
　　　 3 归　　　　　4 者，收听
　　　 5 以　　　　　6 占
　　　 7 打破，看不惯　8 起

▶ 속독part

01　1 对　　2 错　　3 对
　　　 4 对　　5 错　　6 对
　　　 7 错　　8 对　　9 错
　　　 10 错　 11 对

02　1 B　　2 D　　3 D
　　　 4 A　　5 A　　6 C
　　　 7 B　　8 A

▶ 보충part

1 因为随着城市生活节奏的加快，竞争越来越激烈，工作的压力越来越大，所以虽然收入不断增长，但还是让人感到活得有点儿力不从心。
2 是指为求得健康而应该做到的拥有信心，粗心和善心，并做到随意和惬意。
3 可以收看北京电视台生活频道今晚8点05分播出的《生活帮助热线》节目。

04

▶ 정독part

01　1 A　　2 A　　3 D
　　　 4 A　　5 D　　6 A

02
1 不明身份: 不知道确切的身世，姓名，住址等等。
流落街头: 在马路上睡觉生活，没有家。
2 踏上了归家之途: 坐交通工具回家。
3 至此: 到这儿为止。
画上了句号: 完成了。
4 心都要碎了: 很伤心。
5 便: 就。
告别了街头: 停止流落街头的生活。
6 父子相见: 父亲和儿子见面。
悬着的心落地了: 不再担心了。
7 倾家荡产: 家中的资产全部被用光。

03　1 C　　2 A　　3 D
　　　 4 B　　5 A　　6 B
　　　 7 C

▶ 속독part

01
1 D 2 A 3 B
4 A 5 B

02
1 D 2 A 3 B
4 A 5 D 6 D
7 A

▶ 보충part

1 各种玩具。
2 他告诉爸爸，等他长到爸爸那么大的时候，还称呼爸爸为爸爸。
3 CD 盘和吃饭用的盘子。
4 不对。

05

▶ 정독part

01
1 A 2 C 3 D
4 B

02
1 错 2 对 3 错
4 对 5 对 6 对
7 错

03

1 非同寻常：与平常不一样，特别。
2 毫无冬天的景象：没有冬天应有的样子。
3 获悉：得到消息。
4 即可向偏冷的方面转化：可以变得冷一些。

5 期待：盼望。
等待与自己希望一样的情况的出现。

04
1 D 2 B 3 C
4 A 5 A 6 B
7 C 8 A

▶ 속독part

01
1 A 2 C 3 C
4 D 5 D

02
1 A 2 B 3 D
4 D 5 D 6 B
7 A 8 C 9 D

▶ 보충part

1 唱的是数九天，也就是冬至过后的九九81天。
2 从冬至那一天开始，一共有九个九。
3 不是。

06

▶ 정독part

01
1 C 2 D 3 D
4 A 5 D

02
1 对 2 错 3 错
4 对 5 对

연습문제 정답

03

1 78岁，夹带着长沙口音，非常硬朗，快乐，老太太的冷暖。
2 十几岁，一手带大的，宠爱。
3 小妹，岳母的指示，眼馋，不太操心。

▶ 속독part

01   1 D   2 B   3 A
         4 A   5 B

02

1 小小的个子: 身高很矮。
  嫩嫩的嗓音: 说话的声音很稚气，很动听。
  稚气十足: 没有长大。
2 从懂事起: 明白世间的事物开始。
3 年迈: 年纪大。
  心疼得眼泪直掉: 因为怜惜而哭。
4 不一会儿: 很短的时间之后。
  宣布: 在众人面前说。
5 超市开张: 自选购物的超级市场开始营业。
  几样: 几种。
6 若是: 如果。
  寂寞: 无聊，没意思，孤单冷清。
  机灵: 聪明，有眼力劲儿。
7 得: 需要。
  放心不下: 不能安心，很担心。
8 立即: 马上。
9 等不来车: 没有车来。
  便一路走了两个多小时: 就一直步行了两个多小时。
10 早早当家: 很早就开始操心家庭生活琐事。
   拔尖: 非常优秀。

▶ 보충part

1 对   2 错   3 错
4 错

07

▶ 정독part

01   1 A   2 D   3 B
         4 A   5 D   6 A

02   1 A   2 B   3 B
         4 A   5 B   6 D

03   1 B   2 A   3 C
         4 B   5 A   6 B
         7 C

▶ 속독part

01   1 B   2 D   3 C
         4 C   5 A   6 B
         7 A   8 D

02

1 留心一下: 稍微注意观察以下。
  五花八门: 各式各样。
  包办: 负责做。
2 大致: 大概。
3 喜欢的字眼儿: 愿意使用的称呼。
4 钟情于: 对某物或某人喜欢。
5 夙愿: 一直持有的愿望。
  虽无: 虽然没有。

6 隐瞒自己的身份、姓名: 不告诉他人自己的名字、性别、职业等等个人情况。
透露自己的性别: 通过直接或间接的方式告诉别人自己是男性还是女性。
7 最佳: 最好。
8 以假乱真: 用假的情况扰乱他人对真实的情况的了解。
9 十有八九: 大部分。
说不定: 有可能。
妙龄少女: 年轻的女孩儿。
10 往往: 常常。
相貌平平: 长相一般。
11 在此告诫各位网民: 在这里提醒，劝告使用网络的人们。
以 "名" 取人: 用名字来判断人的情况。
虚实难辩: 很难区分真假。

▶ 보충part

01

1 比新时代女性的知识、智慧和综合素质; 在社会上可以向更多的人普及网络知识，让更多的人感受到网络带来的机遇和乐趣。
2 选美比赛注重的是容貌，而这次比赛注重的是知识和智慧。

02 1 错　　2 对

08

▶ 정독part

01　1 B　　2 C　　3 D
　　　4 A

02

1 恋人总爱双双对对的出入于公园: 情侣常常喜欢一起在公园散步。
最终走到了同一个屋檐下: 最后两个人结婚。
2 日久: 时间长。
了如指掌: 很了解。
3 家内家外奔忙一天: 家中和外面的工作都很忙碌。
彼此间: 互相。
4 难有笑脸: 很少高兴。
哪儿还有功夫交流: 没有时间互相交谈，聊天儿。
5 爱的花朵就容易被风吹落: 互相不再相爱了。
6 一成不变的背景: 没有变化的环境。
7 聊聊: 互相说一说。
对未来的憧憬: 将来的梦。
8 依然: 还是。
忙得舒心: 忙也很愉快。

03　1 B　　2 A, C　　3 B
　　　4 A　　5 D

▶ 속독part

01　1 A　　2 C　　3 D
　　　4 C　　5 B

02　1 对　　2 对　　3 错
　　　4 错　　5 错　　6 对
　　　7 对

03　1 五, 八　　2 鸟, 花
　　　3 十, 九　　4 七, 八

5 井井	6 不动
7 一，不	8 了，如

▶ 보충part

1 挺不错；因为两家人相处得很融洽。
2 要去买葱和奶；第一次他忘了带钱。
3 第二次他忘了邻居借给他骑的车；丢了买的奶。
4 怕他把孩子也丢了。
5 是大大咧咧，爱说爱笑的人。

09

▶ 정독part

01

1 在东单的西边。
2 72岁。
3 对旗袍感兴趣的人很多，两位老人为人和善，裁剪得体，做工精细。
4 京剧大师，留学生，来华工作的外国人，中国年轻人。
5 因为他们觉得旗袍既有中国特色，穿上又好看。

02 1 D 2 B 3 B
       4 A 5 A

03

1 虽处胡同深处：在胡同的最里面。
  却吸引了络绎不绝的中外游客：但是有很多中国或外国的旅游者光顾。
2 戏装：唱戏时穿的衣服。
  便装：平时穿的比较休闲的衣服。

  大都出自他们之手：大部分都是他们做的。
3 光顾：来。
  应接不暇：事情很多，来不及应付。
4 临走：离开之前。
5 老两口：老夫妇两个人。
  大不如前：不如以前好。

▶ 속독part

01

1 中国人是怎么生活的。
2 早晨四点钟起床，听胡同里的第一声响，到公园去打太极拳，到早市去买菜，回家做饭，晚上到街上扭秧歌。
3 走入寻常百姓家。
4 现代化的电器怎么摆进祖先留下的古老房屋。
5 一起包饺子，喝二锅头，打扑克，放烟花……

02

1 在地球的这一边：在这儿。
2 说着说着：说了一会儿。
3 越来越热乎：投缘，很说得来。
4 寻常百姓家：一般居民的家。
5 新鲜玩艺儿：有意思的新的东西。
6 和睦相处：大家相处得很好。

03

1 络绎不绝
2 应接不暇
3 情不自禁
4 和睦相处
5 了如指掌

6 一尘不染

▶ 보충part

  1 错   2 对   3 对
  4 对

10

▶ 정독part

01 1 C   2 C   3 C
    4 B   5 A   6 A

02

1 看中：看上了，喜欢。
  一齐：一块儿，同时。
2 喜新厌旧：有了新的就不要旧的了。
3 其核心技术：最重要的技术。
4 旁观者：在旁边看的人。
5 始终：一直。
6 赶这个时髦：适应最新的事物。
  颜色变换不定：颜色总是在变。
7 极易分散驾车者的注意力：非常容易使开车的人精神不集中。
  路况：道路的情况。
8 目击者：亲眼看到的人。
  千差万别：各式各样。

▶ 속독part

01 1 D   2 D   3 B
    4 A   5 B   6 C
    7 A

02 1 A   2 B   3 A
    4 C   5 A   6 D
    7 C   8 C   9 A
    10 B   11 D

03

消费者、设计者、旁观者、驾车者、目击者、前者、被调查者、被调查者、被调查者、初中学历者、高中学生者，其中前者的者与其他10个者不同。

▶ 보충part

  1 对   2 错   3 对

11

▶ 정독part

01 1 对   2 对   3 错
    4 错   5 对   6 对
    7 对   8 对   9 错

02 1 C   2 B   3 A
    4 A   5 C   6 D

03 1 缓慢   2 不知所措
    3 黄金路线   4 购物天堂
    5 老式   6 途经
    7 狭窄

04

太古城居民区，维多利亚公园，铜锣湾，中环广场，金钟街等等。

199

연습문제 정답

▶ 속독part

01
1 错	2 错	3 错
4 错	5 错	6 对
7 错	8 错	

02

1 七大古都。
2 报时。
3 66年。
4 除夕夜。
5 为新春增添喜庆气氛。
6 高层建筑，当时风向和周围噪音的影响。

▶ 보충part

1 迷失方向。
2 七种。
3 先找到天上的北斗星，沿着其"勺柄"找到第六与第七颗星，将这两颗星连接成一条直线，并在这条连线的延长线上找到比较明亮的一颗北极星，正好指示着从南到北的方向。
4 积雪难以融化的部位总是朝向北面的。

12

▶ 정독part

01
| 1 B | 2 D | 3 C |
| 4 C | | |

02

1 关于北京市民怎么过"五一"的调查。
2 他们需要在假期做很多家务活儿。
3 在家做家务的人，服务行业人员，保安人员，高考生，中考生。
4 家务，加班，学习，串亲戚，旅游，购物。
5 郊外旅游。

03
1 度过，就	2 趁
3 又，才	4 负担
5 比如	6 临近
7 对于，难得	8 共鸣
9 随着，成为	10 适合，就是
11 而	

04

1 趁此机会：借着"五一"放假的时候。
  首选：最先的，最好的，第一选择。
2 一大堆：很多。
3 劳动不息：不停止干活，不休息。
4 临近：快到……的时候。
5 串亲戚：到亲戚家走动，看望亲戚。
6 对北京地区而言：在北京。
  人满为患：人太多了以至于很担心旅游不方便。

05
苏小姐	杨女士
张小姐	杜女士
邹先生	田先生
王女士	徐小姐

▶ 보충part

| 1 错 | 2 对 | 3 对 |
| 4 对 | 5 错 | |

찾아보기

A

安置	ānzhì	4
遨游	áoyóu	7

B

拔尖	bájiān	6
摆弄	bǎinòng	2
摆脱	bǎituō	8
百姓	bǎixìng	9
包办	bāobàn	7
包装	bāozhuāng	9
保安	bǎo'ān	12
保健	bǎojiàn	3
背景	bèijǐng	8
蝙蝠	biānfú	7
编织	biānzhī	6
变幻	biànhuàn	10
变卖	biànmài	4
便装	biànzhuāng	9
瘪	biě	12
病毒	bìngdú	5
病菌	bìngjūn	5
播报	bōbào	6
播发	bōfā	4
博物馆	bówùguǎn	1
不禁	bùjīn	5
不知所措	bù zhī suǒ cuò	11

C

擦拭	cāshì	8
采访	cǎifǎng	4
参考	cānkǎo	10
参与	cānyù	7
差距	chājù	1
插嘴	chā zuǐ	4
察看	chákàn	4
常规	chángguī	3
尝试	chángshì	3
超人	chāorén	7
潮流	cháoliú	3
潮湿	cháoshī	5
吵架	chǎo jià	3
承认	chéngrèn	2
成熟	chéngshú	7
持续	chíxù	5
憧憬	chōngjǐng	8
充满	chōngmǎn	7
宠爱	chǒng'ài	6
出席	chūxí	2
传票	chuánpiào	8
传送	chuánsòng	11
传真	chuánzhēn	3
创造	chuàngzào	7
葱头	cōngtóu	7
从业	cóngyè	9
搓	cuō	6
凑合	còuhe	2
错综	cuòzōng	11

201

D

搭配	dāpèi	6
大厦	dàshà	11
大蒜	dàsuàn	7
大侠	dàxiá	7
单纯	dānchún	1
当场	dāngchǎng	1
得体	détǐ	9
电脑	diànnǎo	3
电熨斗	diànyùndǒu	9
调查	diàochá	1
钉子	dīngzi	2
都市	dūshì	11
对照	duìzhào	11

F

发布	fābù	6
法院	fǎyuàn	8
繁华	fánhuá	9
烦恼	fánnǎo	4
反射	fǎnshè	10
分别	fēnbié	5
纷飞	fēnfēi	5
奋斗	fèndòu	3
风情	fēngqíng	7
风味	fēngwèi	11
缝纫机	féngrènjī	9
负担	fùdān	12
富裕	fùyù	3

G

干燥	gānzào	5
感慨	gǎnkǎi	6
感受	gǎnshòu	11
敢于	gǎnyú	3
高原	gāoyuán	5
告诫	gàojiè	7
根据	gēnjù	2
跟随	gēnsuí	2
跟踪	gēnzōng	4
公民	gōngmín	1
共鸣	gòngmíng	12
购买力	gòumǎilì	1
购置	gòuzhì	6
刮目相看	guā mù xiāng kàn	2
观光	guānguāng	11
观念	guānniàn	3
光顾	guānggù	9
规律	guīlǜ	5
归纳	guīnà	7

H

寒风刺骨	hánfēng cìgǔ	5
寒冷	hánlěng	5
行列	hángliè	1
行业	hángyè	12
豪杰	háojié	7
好感	hǎogǎn	10
和睦	hémù	9
和善	héshàn	9
核心	héxīn	10

呼吁	hūyù	4		就餐	jiùcān	3
胡同	hútong	9		居民	jūmín	1
缓慢	huǎnmàn	11		居住	jūzhù	12
回报	huíbào	3		举办	jǔbàn	9
活蹦乱跳	huó bèng luàn tiào	4		聚会	jùhuì	3
货币	huòbì	1		捐款	juānkuǎn	2
获悉	huòxī	5		绝对	juéduì	7

J   K

唧唧喳喳	jījizhāzhā	4		开办	kāibàn	1
机灵	jīling	6		开发	kāifā	11
寂寞	jìmò	6		开阔	kāikuò	2
迹象	jìxiàng	5		开朗	kāilǎng	6
家当	jiādang	9		开张	kāizhāng	6
家务	jiāwù	12		看	kān	2
加紧	jiājǐn	10		看不惯	kàn bu guàn	3
见识	jiànshi	12		看待	kàndài	10
溅	jiàn	6		看望	kànwàng	12
讲究	jiǎngjiu	3		科技	kējì	1
角度	jiǎodù	10		口音	kǒuyīn	6
接班	jiē bān	9		快捷	kuàijié	11
接收	jiēshōu	6		窥视	kuīshì	8
街市	jiēshì	11		扩展	kuòzhǎn	1
结局	jiéjú	2				
结论	jiélùn	1		## L		
借故	jiègù	12				
禁不住	jīn bu zhu	2		来临	láilín	4
精明	jīngmíng	10		揽	lǎn	6
精细	jīngxì	9		唠叨	láodao	4
警方	jǐngfāng	10		冷落	lěngluò	4
井井有条	jǐngjǐng yǒu tiáo	8		例外	lìwài	11
景象	jǐngxiàng	5		凉爽	liángshuǎng	5

了如指掌	liǎo rú zhǐ zhǎng	8
料理	liàolǐ	12
鳞次栉比	lín cì zhì bǐ	11
临近	línjìn	12
铃铛	língdang	11
溜走	liūzǒu	12
流动	liúdòng	5
流落	liúluò	2
留神	liú shén	6
乱七八糟	luàn qī bā zāo	8
轮流	lúnliú	8
论坛	lùntán	7
落后	luòhòu	2
络绎不绝	luò yì bu jué	

M

麻雀	máquè	4
埋怨	mányuàn	8
忙碌	mánglù	8
盲人	mángrén	6
媒体	méitǐ	12
描述	miáoshù	5
妙龄	miàoling	7
命运	mìngyùn	3
陌生	mòshēng	10
目击者	mùjīzhě	10

N

难得	nándé	12
难度	nándù	10
嫩	nèn	6
腻烦	nìfan	10
年迈	niánmài	6
暖融融	nuǎnróngróng	5
诺言	nuòyán	6
女郎	nǔláng	7

O

偶像	ǒuxiàng	7

P

判断	pànduàn	2
旁观	pángguān	10
疲倦	píjuàn	12
贫困	pínkùn	2
贫穷	pínqióng	2
平均	píngjūn	5
破案	pò àn	10
扑克	pūkè	9

Q

漆	qī	10
期待	qīdài	5
期望	qīwàng	12
奇妙	qímiào	7
旗袍	qípáo	9
起动	qǐdòng	11
气氛	qìfēn	11
气温	qìwēn	5
洽谈	qiàtán	4
千差万别	qiān chā wàn bié	10

欠债	qiàn zhài	2
强迫	qiǎngpò	2
倾家荡产	qīng jiā dàng chǎn	4
清静	qīngjìng	9
权利	quánlì	12
蜷缩	quánsuō	4
趋势	qūshì	10
确切	quèqiè	3
群体	qúntǐ	3

R

嚷	rǎng	4
热乎	rèhu	9
人满为患	rén mǎn wéi huàn	12
人情味儿	rénqíngwèir	1
人士	rénshì	2
人为	rénwéi	10
人员	rényuán	3

S

嗓门儿	sǎngménr	8
色彩	sècǎi	10
善良	shànliáng	6
设施	shèshī	1
身份	shēnfen	4
申请	shēnqǐng	1
神秘	shénmì	9
甚至	shènzhì	4
声称	shēngchēng	12
声响	shēngxiǎng	11
失眠	shī mián	8

时髦	shímáo	10
时装	shízhuāng	3
事故	shìgù	10
视觉	shìjué	10
视野	shìyě	7
收藏	shōucáng	1
收养	shōuyǎng	4
手艺	shǒuyì	9
舒心	shūxīn	8
帅哥	shuàigē	7
俗气	súqi	7
夙愿	sùyuàn	7
随着	suízhe	12

T

踏踏实实	tātashíshí	2
探望	tànwàng	6
逃跑	táopǎo	10
淘气	táoqì	2
提供	tígōng	4
体系	tǐxì	3
通常	tōngcháng	3
统计	tǒngjì	1
投资	tóuzī	1
透露	tòulù	7
团体	tuántǐ	1
团圆	tuányuán	12

W

外婆	wàipó	6
完毕	wánbì	6

205

完美	wánměi	4		心理	xīnlǐ	3
完善	wánshàn	10		心灵	xīnlíng	8
完整	wánzhěng	3		信息	xìnxī	4
网络	wǎngluò	7		兴起	xīngqǐ	10
微不足道	wēi bù zú dào	3		兴旺	xīngwàng	10
惟一	wéiyī	11		形成	xíngchéng	3
温暖	wēnnuǎn	5		行进	xíngjìn	11
文物	wénwù	1		行驶	xíngshi	10
闻讯	wénxùn	4		行为	xíngwéi	3
问世	wènshì	1		兴致	xìngzhì	12
屋檐	wūyán	8		修建	xiūjiàn	11
无限	wúxiàn	5		休闲	xiūxián	12
无忧无虑	wú yōu wú lǜ	4		宣布	xuānbù	6
				学历	xuélì	10
X				血缘	xuèyuán	7
				寻常	xúncháng	5
稀少	xīshǎo	3		巡回	xúnhuí	2
喜庆	xǐqìng	11				
狭窄	xiázhǎi	11		**Y**		
鲜明	xiānmíng	11				
闲聊	xiánliáo	9		压力	yālì	8
贤妻良母	xián qī liáng mǔ	12		烟花	yānhuā	9
显示	xiǎnshì	1		严冬	yándōng	5
现场	xiànchǎng	4		沿海	yánhǎi	5
现状	xiànzhuàng	3		炎热	yánrè	5
羡慕	xiànmù	4		研制	yánzhì	10
线索	xiànsuǒ	4		眼界	yǎnjiè	2
相对	xiāngduì	1		厌倦	yànjuàn	8
享受	xiǎngshòu	7		遥控	yáokòng	6
项目	xiàngmù	2		遥远	yáoyuǎn	9
消费	xiāofèi	1		移动	yídòng	5
效率	xiàolǜ	3		宜人	yírén	5
孝顺	xiàoshùn	4		意识	yìshi	3

异口同声	yì kǒu tóng shēng	2
异性	yìxìng	3
异域	yìyù	7
隐瞒	yǐnmán	7
鹦鹉	yīngwǔ	9
英雄	yīngxióng	7
应接不暇	yìng jiē bù xiá	9
硬朗	yìnglang	6
拥挤	yōngjǐ	6
拥有	yōngyǒu	1
勇气	yǒngqì	3
幽默	yōumò	7
悠闲	yōuxián	8
愉悦	yúyuè	10
与众不同	yǔ zhòng bù tóng	6
预报	yùbào	5
预测	yùcè	5
预计	yùjì	5
预言	yùyán	10
援助	yuánzhù	2
岳母	yuèmǔ	6

噪音	zàoyīn	11
责备	zébèi	4
增进	zēngjìn	8
增添	zēngtiān	11
账号	zhànghào	7
招揽	zhāolǎn	10
珍藏	zhēncáng	9
真诚	zhēnchéng	2
震动	zhèndòng	4

支出	zhīchū	8
知晓	zhīxiǎo	10
值班	zhí bān	12
值钱	zhíqián	1
稚气	zhìqì	6
制约	zhìyuē	10
中心	zhōngxīn	5
主持	zhǔchí	7
嘱咐	zhǔfu	2
注册	zhùcè	7
专题	zhuāntí	1
转化	zhuǎnhuà	5
追求	zhuīqiú	3
自在	zìzai	8
走红	zǒu hóng	12
走失	zǒushī	2
宗教	zōngjiào	1
作坊	zuōfang	9
琢磨	zuómo	2
做工	zuògōng	9

신공략 중국어 독해
초급에서 중급으로

지은이 郑蕊
옮긴이 변형우
펴낸이 정규도
펴낸곳 (주)다락원

초판 1쇄 발행 2003년 5월 30일
초판 9쇄 발행 2016년 7월 20일

책임편집 최준희, 전숙희
디자인 정현석, 김금주

다락원 경기도 파주시 문발로 211
내용문의: (02)736-2031 내선 430~439
구입문의: (02)736-2031 내선 250~252
Fax: (02)732-2037
출판등록 1977년 9월 16일 제300-1977-23호

Copyright ⓒ 2002, 北京语言大学出版社

이 책의 한국 내 저작권은 北京语言大学出版社와의 독점 계약으로 (주)다락원이 소유합니다.

저자 및 출판사의 허락 없이 이 책의 일부 또는 전부를 무단 복제·전재·발췌할 수 없습니다. 구입 후 철회는 회사 내규에 부합하는 경우에 가능하므로 구입문의처에 문의하시기 바랍니다. 분실·파손 등에 따른 소비자 피해에 대해서는 공정거래위원회에서 고시한 소비자 분쟁 해결 기준에 따라 보상 가능합니다. 잘못된 책은 바꿔 드립니다.

값 10,000원

ISBN 978-89-7255-298-7 13720

http://www.darakwon.co.kr

- 다락원 홈페이지를 방문하시면 상세한 출판정보와 함께 동영상강좌, MP3자료 등 다양한 어학 정보를 얻으실 수 있습니다.